绽放

新闻的人生

浙江新闻界
影响力人物访谈录

沈爱国　陈荣美　主编

红旗出版社

新媒体时代的本质依然是人

　　捧在手里的，是一本厚厚的书稿，记录的是十位浙江新闻界颇具影响力的人物与属于他们的媒体世界。

　　他们中间，有我敬仰的前辈、学习的标杆，更多的是在这个伟大的改革时代曾经和我一起奔跑、一起期待、一起欢笑、一起收获的媒体同行。从职业层面上，他们都已经荣休，但他们的故事与人生依然熠熠生辉。

　　他们为什么要将新闻事业作为自己一生的选择？漫长岁月里，支撑他们执着前行的动力以及抵达成功彼岸的秘诀是什么？他们曾经的足迹与奋斗的意义又是什么？ 41 年前，当决定就读大学新闻专业的时候，我向自己提出过这样的灵魂之问。今天，阅读他们的故事，倾听他们的叙说，答案已然清晰：

　　——因为热爱。新闻是一件苦差事，没有捷径，没有空想，唯有苦行。在自己 30 余年的媒体生涯中，记得有过从温州返回杭州长达 38 小时的山路崎岖与风雪交加，有过穿行浙西南贫困带整整 52 天的"最难忘"的田野调查，有过在大西北甘肃、青海、新疆跨越万里、历时 90 天的最漫长的一次采访。在本书十位浙江新闻人的故事里，这样的艰辛随处可见。新闻就在脚下，也只能在脚下。而且，由于媒体行业的特殊性，新闻 24 小时都在发生，媒体人的苦行亦必须 24 小时在线。许多人说，奋斗是每一位曾经年轻过的人的天命。但奋斗背后的力量之源迥然不同：或因为压力，或因为动力。数十年为新闻界持续奔跑与奋斗，唯一的解释是因为热爱而绽放的不竭动力。热爱是一团火，永恒燃烧。

——因为发现力。媒体人的生命力在于其发现力。新闻不等于机械地罗列与堆砌事实，大千世界，事实有现象真实和本质真实的分别，事实与事实间的辩证关系是什么？事实的演进有着怎样的内在逻辑？厘清这一切，对媒体人的发现力必定是很大的挑战。媒体人发现力的历练与养成，有赖于良好的思维方法，比如，你能否以历史为纵轴、以地理为横轴，构建起观察世界的坐标系？比如，你能否既善于在苍穹之上俯视万物，又能够像老农一样深耕脚下的一亩三分田，进而让自己的视野上接天、下接地？比如，你能否在强大理性的基石之上，懂得不同于他人的逆向思维、超前思维？再比如，你能否秉持批判精神，做一只好斗的"小公鸡"，学会阐述与辩论？本书记录的十位浙江新闻人的故事告诉我们，媒体人的发现力，决定媒体人的价值；媒体人发现力的培养，必须付出的代价是时间。因为时间、因为发现力而累积的，一定是历久弥坚的思想，这个世界最贵的产品恰恰是思想。

——因为推动社会进步的责任感。我们总是问自己：什么是生命的意义？作为个体的人，有自然人与社会人的双重属性。对自然人而言，活着就是生命意义的全部；对社会人而言，生命的意义在于你的存在，能为他人、为社会带来什么。一个人对生命意义的理解，与自身的价值观密切关联，而人的价值观的形成，往往源于其生存的环境和时代背景。本书十位浙江新闻人的媒体生涯，大多起始于20世纪80年代。那是一个告别贫困的年代，是活力舒张的年代，是你我青春躁动、一切皆有可能的年代。与国家同进退、与民族共命运，是那个时代每一位中国人内心的最强音。新闻事业从来不是客观事实的搬运工，而是昂扬向上的力量，是推动社会进步之公器。如果剥离了这样的使命感和责任感，你将完全无法理解究竟是什么驱动着成长于那个时代的新闻人砥砺奋进，终其一生无怨无悔。

新闻总是追逐变化的外部世界，而外部世界的万千变化也总是乱花迷人眼。互联网、新媒体呼啸而来，是最大的变革机遇，同样是最大的行业挑战。唯有找到永恒不变的东西，才能无所畏惧地去拥抱永恒变化的世界：互联网时代的媒体本质依然是人，技术次之；我们尊重技术，但不能为技术所困；我们尊重草根，但不能做粗鄙化传播的尾随者；无论何时，热爱、发现力、推动社会进步的责任感永远是新闻人之所以是新闻人的根本价值所在。

是为序。并以此致敬那个时代和那个时代的新闻人。

胡宏伟（高级记者，澎湃新闻副总编辑）

2023 年 8 月 30 日

目录
CONTENTS

001 江 坪："顶天立地"做记者

025 张建民：我一定要放一颗原子弹

043 俞柏鸿：我说我的话，让别人去为我喊加油

069 叶 峰：三十功名尘与土，我心依旧向明月

093 钱黎明：我的经历让我变成了"多媒体人士"

117 楼时伟：我就是做社会新闻的料

139 莫小米：我找题材是"雁过拔毛，贼不走空"

173 王群力：我切换赛道的时候是义无反顾的

207 冯卫民：做有思考的"记录者"

229 赵小华：我揭露黑暗面，但我希望引起正面反响

251 代 跋 既读书，也读人

江坪："顶天立地"做记者

采 访 组： 俞丰君安、方艺霖、金泽宸
采访时间： 2022 年 4 月 15 日
采访地点： 江坪宅

　　江坪，1934 年 11 月 7 日生，2023 年 10 月 12 日去世，浙江镇海人。历任浙江日报记者、编辑、部主任、编委、副总编、总编辑，曾任浙江省新闻工作者协会主席、杭州大学① 新闻学院院长、浙江省关心下一代工作委员会副主任。他是浙江日报报业集团的开拓者和铺路人、浙江新闻事业发展的推动者，也是全面深入地记录浙江当代历史、描摹浙江人民生活、勾画浙江人文记忆时间纵贯最长的一位记者。著有新闻论文集《心向读者，情系万家》、通讯集《记者看天下》等，均收于文集《记者的足迹》；另著有《生活的果实——记者日记选》。

---

① 1952 年浙江大学部分系科转入中国科学院和其他高校，主体部分则在杭州重组为若干所院校，后分别发展为原浙江大学、杭州大学、浙江农业大学和浙江医科大学。1998 年，四校合并组建了新的浙江大学。

采访组：江老师，您好，您是新闻界德高望重的前辈，有机会采访您，非常荣幸。首先请您简要介绍一下自己的从业经历。

江　坪：你们见到我很高兴，我见到你们也很高兴。你们是新中国第三代新闻人。现在，我们国家正在为实现第二个百年目标而奋斗，你们年轻人要承担起历史的重任，特别是我们新闻人承担的任务更重，希望你们与时俱进。

我 1948 年 13 岁多就在宁波一家纺织工厂当童工，早上 6 点起来，干到晚上 11 点为止，非常辛苦，就像夏衍在《包身工》里面写的那样，"他们生活在最底层"。所以那时候很渴望幸福，天天盼日日盼，终于盼到了 1949 年 5 月宁波解放。那时候到宁波西门外去欢迎解放军，我真是从内心深处感到自己人生有了希望。

少年江坪

1934 年 11 月，我在镇海老家出生。抗日战争时期，我们全家逃难到了青岛，我爸在那里开小型运输行。我在青岛北京路小学念了 6 年书，这 6 年对我人生的关系很大。大军南下的时候，这些解放军战士大都是山东人，我在青岛 6 年，会讲山东话，所以欢迎解放军的时候，我就用山东话来欢迎他们。解放军战士看到我这个小鬼会山东话，非常亲切。他们到我们工厂来当军代表时，我就当翻译。后来，他们培养我参加劳资协商会，我作为劳方代表参与和资本家的协商。

1949 年 12 月，我参加了新民主主义青年团，这是共青团的前身。1952 年，我又参加了工会。这样一来，新民主主义青年团培养我，工厂也培养我。一是到上海纺织学院去学习，二是到杭州的共青团学校学习，三是到浙江省总工会干部学校学习。

因为我是工人出身，工会工作参与得比较多，1952 年 5 月 9 日我到浙江省总工会干部学校学习。学习 3 个月以后总工会把我留下了，要把我调到工人生活报 ① 去。我问教务长为什么把我调到工人生活报去，他说："你搞过新闻。你给工人生活报写过稿子啊。"我有点纳闷，我什么时候给工人生活报写过稿子？后来我仔细回忆了一下，是我在工会工作的时候，到宁波市纺织工会工作过一段时间，写过一两篇稿子。

那是 1950 年初，党和国家号召青年参军，我代表宁波市青年工人在宁波光明大剧院发言。讲完以后宁波大众报记者来采访我，这个记者就是后来浙江日报的编辑部编办主任肖鱼。她问我：为什么要参军？我说解放了，当然要跟解放军走。她后来发展我为通讯员，这样我就跟新闻工作有了联系。

做通讯员的时候我写了两篇"豆腐干"稿子，一篇是《宁波人丰布厂工人订爱国公约》，第二篇是《宁波工人帮助郊区农民插秧割稻》。后来到市纺织工会，和一位同志合作，写了一篇揭露宁波不法资本家五毒行为的稿件，登在《工人生活报》上，正是这篇稿子把我引上了新闻工作道路。领导决定把我调派到工人生活报去，我就去了。1952 年 9 月 5 日正式到报社工作，从那时候开始我就没离开过新闻岗位，再过几个月就是我从事新闻事业 70 周年了。

---

① 1949 年 12 月 7 日，《工人生活》周报正式创刊；1951 年 12 月，《工人生活》改名为《工人生活报》，报址迁至杭州西子湖畔的北山街 47 号小莲庄；1952 年 10 月，省总工会正式成立，1953 年报纸更名为《浙江工人报》；1961 年 2 月 4 日报纸停刊，1983 年 1 月 1 日复刊；1989 年 1 月，《浙江工人报》改名为《劳动时报》；1999 年，报社决定改出日报，报名为《浙江工人日报》。

　　我的学历水平不高，在宁波一中只读过初中一年级就辍学了，知识积累得很少，见识又少，当记者很困难。怎么办？我就四个字：笨鸟先飞。人家采访一次我多采访几次，人家写一篇我多写几篇，自己给自己加点压力。

青年江坪

　　第一次采访，编辑部派我去采访杭州市第一医院一位医生，他刚刚从抗美援朝前线回来，请他揭露一下美帝国主义在朝鲜发动细菌战的罪行。我那时候不懂采访，我坐在采访对象面前就讲：报社要我来采访你，请你揭露一下美帝国主义细菌战的罪行。然而，这个医生也不大会讲话，没讲几句话就停下来，我也不会提问，不懂得如何引导被采访对象。第一次采访失败。回到报社，我完全写不出来，在社长面前哭了。我说我干不了记者，我要回到工厂去。

　　社长丁菲是抗日时期四明山的老同志，她对我说："你是工人出身，党现在安排你到工人生活报工作，你要争口气，为工人阶级争口气！"我这人好强，觉得既然工人阶级是领导阶级，那工人也能当好记者，我就下了决心要把新闻工作做好，后来逐渐爱上了新闻工作。

　　搞新闻工作关键是要热爱，要热爱一辈子，不能只是一阵子。一阵子是干不好的，一辈子才能干好，真能干成绩出来。要全身心投入，三心二意也是不行的。

　　失败是成功之母。下决心后，我开始不断地锻炼自己。那时候的工人生活报在北山街，就是宝石山下面的小莲庄。每个礼拜天，我带上一些干粮，一个人骑上自行车，到西湖边找个安静的地方看书。那时候看了不少书，尤其是苏联的文学作品，《茹尔宾一家》《钢铁是怎样炼成的》《卓娅·舒拉》，这些书对我影响很深。

　　1954 年，我接受了一个重要采访任务，就是写宁波工人运动领袖王鲲烈士的事迹，这是浙江人民出版社定的任务。我到杭州、宁波、上海去采访当年的老工人。他们当时都七八十岁了，采访时他们说，王鲲为我们工人阶级牺牲了，被杀头……说着说着就流眼泪，我也很受感动。回到报社以后，我日写夜写，困了就睡一会儿，睡醒起来再写，思路敏捷得很，手写都来不及，写了一个礼拜就把 5 万多字写出来了。这本书就是《在甬江怒潮中》。这次采写任务对我的锻炼相当大，以后写东西就比较找得到感觉了。

1957年纪实文学《在甬江怒潮中》出版

就这样，我在工人生活报工作了 8 年，我以初中一年级的文化水平当记者，后来还当了工人生活报的文化组组长。1961 年全国报刊整顿，工人生活报停了。本来我是要到新华社去工作，后来省委派丁菲同志到浙江日报（简称浙报）担任副总编，我就跟着到了浙报。从 1961 年到浙报，到现在已 60 多年了，我在浙报大院里面工作生活了 50 年。到浙报以后，一开始当记者，后来当部主任、编委、副总编、总编，对我锻炼确实很大。我采访的范围很广，政治的经济的文化的方方面面，农村部、工交部、评论部、文教部、政法部都待过，所以我都很熟悉，当总编后我更加熟悉这些部门。

当时，报社很多重大采访报道我都参与了，有些采访过程对我们现在的记者来讲都有启发。比如我采访路甬祥。路甬祥原来是浙江大学机械系的讲师，后来他到西德去当访问学者，和导师一起取得了 5 项专利，这很不简单。有德国朋友高薪聘请他留在德国，他没同意。第二次世界大战期间，好多德国的工程师都出去了，德国战败以后，这些工程师都回去建设自己的国家。路甬祥说："你们有祖国我也有祖国，我要回去建设祖国。"

回国以后，他的工作任务很重，要组建中国机械液压研究所。当时，好多新闻单位都要采访他。他对新闻单位的同志讲，"我很忙，各种任务相当重，我只能开一个记者招待会，回答你们的问题"。当时省委书记铁瑛把我找去，对我说，他是我们国家的杰出人才，要好好采访。我压力很大，就开个记者招待会我怎么写？如果就提几个问题，没生活细节，没工作细节，怎么写？如何能让被采访对象给我时间，接受单独采访？

我决定先打外围战，先采访跟他有关系的人。他的老师、朋友、家人我都采访，采访他的夫人，到学校去采访他的两个孩子。从这些采访里面获得的材料可多了。两个孩子讲爸爸怎么勤奋怎么工作，讲了一些细节；采访他夫人的时候，有一个细节特别好，他给夫人写信，里面有一首诗，其中两句是：莫道在德一孤雁，背后自有十亿人。

我做这些采访的时候，他夫人、儿子、朋友都对路甬祥说，浙江日报有个江

1958年江坪（二排左五）与浙江工人报同事合影

坪在采访他们时很仔细，他听了很感动。他感到我是有心人，给我打电话，"谢谢你对我夫人孩子的采访，我现在给你两个小时时间，你给我采访题目"。后来我给列了30多个题目，到他家里去谈，一边谈一边了解他的生活情况、工作情况。

这个很重要。记者采访不能就事论事谈，要看他有什么困难的地方，有什么需要帮助的地方，你要感动主人公，越感动他越跟尔谈，谈心里话。

当时我看他家里住得很困难，4个人挤在2间房子里，在家工作都施展不开，而且那时候他是讲师，还没评副教授。后来我把这两件事情向铁瑛同志汇报，书记通过有关方面，很快为他改善了住房；另外派助手协助路甬祥组建中国机械液压研究所等工作。路甬祥很感动，他说，"你帮了我大忙了，我无后顾之忧了。你有什么事情只管来找"。后来我们就是朋友了。我的那本《记者的足迹》是他给我写的序言，写得很好。

现在我们有些记者习惯通过电话、网络等采访，其实通过什么途径采访都

采访路甬祥（右）

可以，但采访必须要深入。

记者要有宏观意识。宏观意识就是"顶天立地"，"顶天"就是要了解中央的政策和意图。习近平提出的五大发展理念是什么？……这些我们都要读懂，不然写不出大背景下面的小主题。"立地"就是要与客观实际依次紧密联系起来。

我举一个例子。2008年我写的评论《推荐鲁冠球的一封信》，《浙江日报》刊登后，《人民日报》转载了。这评论是怎么出来的？我当年看到《万向报》的一篇报道，就是万向集团党委书记、董事长鲁冠球给各个部门负责人的一封信，信很短，100多字，但很说明问题。这封信里面说，三聚氰胺对我们是一个教育，教育什么呢？企业要讲道德，没道德的企业要失败的；企业要承担社会责任，一个企业的发展，没有社会的支持，是发展不了的。因此，我写《推荐鲁冠球的一封信》就讲了三个观点，一个立德立信，一个社会责任，一个要举一反三。我的这篇文章发了以后，《人民日报》连续7天，一共7个版面，发动全国企业家讨论企业的社会责任。

采访苏步青（右）

我再讲个故事，就是步鑫生改革的事情。步鑫生的改革不是偶然的，是在党的十一届三中全会背景下出现的。三中全会精神是什么？其中重要的一项就是不再以阶级斗争为纲，国家的重心转移到经济建设上来。当时，我们企业发展中的主要问题就是企业自主权太少，管理又非常落后。工人做工干好干坏一个样，干多干少一个样，不干也是一个样，这个积极性从哪里来？生产关系阻碍了生产力发展。面对这种情况，企业怎么改革？

采访步鑫生（右）

步鑫生在厂里大刀阔斧搞了几次大改革。一是打破铁饭碗，实行计件工资制，干得多就多得，干得少就少得，不干的就没有。他讲的话很生动，"工钱工钱，做工才有钱，没做工哪有钱？"二是"质量第一"，产品质量坏，谁买你的？质量不好，罚，而且还重罚。你一件衬衫做坏，我罚你两件的款。有些工人不满，说："你步鑫生跟个资本家一样！"

当时对步鑫生的议论相当多。那时候我是《浙江日报》机动组组长，机动组专门调查各种领域里面一些问题，好的支持，坏的就监督。总编辑吴尧民派我带两个记者，一个陈冠柏，一个是周荣新，去海盐进行实地调研。记者调查研究要注意，调查面要广泛、要深入，好的要听，坏的也要听。我们从县委书记起，再到二轻局的局长，厂里的上层干部、中层干部、工人，骂步鑫生的工人和赞扬步鑫生的工人都调查。这样调查了三四天，最后再采访步鑫生，谈了两天两夜，有一天甚至谈到深夜一两点钟。我问他一个问题："你到底对工人有没有感情？"他哭起来了，说："我怎么没感情？我爸爸是裁缝师傅，我小时候就学会裁缝了，我如果自己当老板，赚钱比这里多得多了！我为什么当厂长，因为我为了这个厂好。当时厂里连退休工人的劳保钱都发不出来了，我要把厂发展起来。工人积极性不高是搞不好厂的。你讲我没感情，你去看看我们厂里多漂亮，四周都绿化，人们都叫花园工厂。为什么绿色的种了那么多？我们工人每天都在缝纫，眼睛很吃力，工人多看看绿色，眼睛感觉就好多了。"步鑫生还讲了一件事，他讲那时候生活好起来了，工人到城里来过厂庆日，厂里给工人每人买了一个铜的水壶，不是塑料的。他说："你看我对工人多好，还讲我不好……"说到这里，他又哭起来了。这就是报道中的细节，所以记者调研采访要深入。

36年后，我又到海盐去，带了浙报记者和三个浙大新闻系的学生，同走新闻路。采访中也挖掘了一些细节。那天开座谈会，会上一个企业家说步厂长对他影响很大，每年步厂长忌日他都要去扫墓鞠躬。我听了以后，心想，他们感情这么深。座谈结束以后，我们就安排时间到这位企业家厂里去，了解他的这种感情到底怎么来的。

采访组：这个细节是您现场挖出来的？

江 坪：是啊，现场要仔细听，有细节的。有些人讲了一句话带过去了，

江坪的采访笔记

采访茅以升（左）

你不注意就没了。后来我们去了这个厂，看看他厂办得好不好。这个厂确实很大，是海盐第二大企业。在厂里的座谈中，我就问他："你当时讲的那句话是怎么一回事？"他就给我讲了细节。他说："我年轻的时候，很想到步厂长厂里去做工，我爱人在这个厂工作，这个厂太好了，计件工资制，质量第一，厂里还有厂歌、厂庆，把工人都凝聚在一起。这些一直对我影响很大。"后来步鑫生去世以后，他很伤心，便将那天的心情记录了下来，后来用微信发给我看，大意是步厂长几月几号不幸去世，他感到很痛心，这是个好厂长。这位企业家学习步鑫生发展自己的企业，不断地改革，这就是步鑫生精神的传承。没有这些细节，我们讲传承都是虚的。

采访组：您 13 岁在宁波当童工，后来当了新闻记者，最后做了总编，请问这一路过来您是如何成就自己的？

江　坪：我就是这样从一次次采访和报道中锻炼出来的，采访路甬祥、步鑫生，采访了很多名人，不断积累经验，然后组织上让我一步步担任更多的工作，从做编委管几个部，到后来做副总编值夜班。值夜班是非常辛苦的，但也很锻炼人。我当时每天晚上 9:00 从家里出发到报社，到报社以后，先到钱江晚报、经济生活报几个子报的部门转一下，问问今天有什么情况，有什么问题，有什么评论要看的。我不看其他，评论要看，因为重要。

转一圈之后，10 点多钟到大报（浙江日报）夜编部，看要闻版主稿。主要看稿子，看到哪篇稿件讲的问题很重要，就马上写评论，写三五百字的评论，第二天一起见报。评论是报纸的旗帜，十分重要。有一天值夜班，看大样看出了问题，一家权威通讯社发了一篇通稿，写台湾一个空军驾机"回国"，混用了"回国"和"回大陆"。这是个原则问题。我们马上给他们打电话，及时得到更正。所以当总编的要胆大心细，胆子要大，心要细，该签字就签掉，不能签的就不签。

采访郭沫若（中）

采访组：在新闻职业生涯中您经历了不少印象深刻的高光时刻，您有没有经历过一些晦暗的时刻？

江　坪：没有。心中有热爱就不会有这样的时刻。新闻工作是"新"字当头，一定要创新，不创新不行。你写东西，人家讲过的你就不要讲，没讲过的你去讲，这样人家才喜欢看，有所得。不要炒冷饭，要创新。

我采访名人也在不断地创新。比如我采访著名画家华君武，一般记者采访完，联系就结束了，但是我能够和他结成忘年交，能够一起合作出两本书，一起实践创新。

1992年采访夏衍（右）

我喜欢不断地思考，不断地尝试创新。第一次合作出书，是从为他的漫画写第一篇短评开始的。他是在杭州出生的，对浙江很有感情。他在杭州高级中学读书时，第一幅作品就是在当年的《浙江日报》发表的。他给我寄稿，我们也发了好几篇稿子，但我感到单漫画没说明不行。我就开始给他的漫画写短评，先这样登了两篇。

他看到评论后说，"你给我的漫画写评论很好，增加了漫画的亮点，你的文字帮助我提升了漫画质量，这样很好，以后我画的东西你都给我写"。这对我鼓励很大，写了二三十篇以后，我又感到不满足，我思考能不能写100篇，然后出一本书。我把这个意思告诉他。他立刻说好的，他会把过去的漫画都寄给我挑选。就这样，这种配短评的漫画稿件，积累到了100篇。

但是等到准备在中国连环画出版社（现连环画出版社）出版的时候，又碰到问题了：名称叫什么？我给书起名叫"画文缘"，我的想法是以画为主，我是配角。华老看了我的信以后，回复说不行，一定要改为"文画缘"，说："是你的文章把我的画撑起来了，而且'文画缘'也比较顺口。"他写道，"和江坪同志合作出书，三生有幸，故名文画缘"。

就这么创新，不断地创新。如果不去创新，这书也出不来。我们新闻工作者一定要不断创新，创新是进步的阶梯。写评论，有了创新思维，你在日常工作、生活中，就处处可以捕捉到评论的选题。

很多年前，有个电视新闻报道了一个的士司机，每遇到一个顾客，他就请顾客给他写一句座右铭。日积月累，他收集了几百句座右铭，用来教育自己的孩子。看到这个电视新闻后，我感到很有新意，马上写了一篇评论。

采访黄宗英（左）、赵丹（右）

我到舟山调研，朋友请我吃饭，餐桌上有刚捕来的东海大黄鱼。野生大黄鱼啊！我就想到评论了，我问："现在怎么又有野生大黄鱼了？"他说，现在生态保护好了。东海深处有野生大黄鱼了。

我就根据这个写了篇评论《科学发展观，要保护才可以有产出》，在评论中主要表达了科学发展观。近年来，看习近平同志在各地工作的书，我感受很深。如《习近平在上海》中讲到，他把上海城市精神，从原来两句话概括成四句话，不仅是全面概括，更是提升。由此，我写了一篇《"上海精神"礼赞》。

记者要不断地创新，做个有心人，要善于发现各种美，发现各种问题。生活当中到处都有美的，都有好多值得倡导的东西。

做记者就是要坚守，坚守一辈子，不要这山望着那山高。现在浙江日报跳槽的记者比较少，但有的报社跳槽的人太多。有些记者弄不了几天就不干了，跳来跳去，这是干不好的。

采访组：现在新媒体对传统媒体的冲击还是挺大的。在新媒体时代，您觉得年轻人该怎样坚守？您有没有一些比较好的建议给他们。

江　坪：新媒体要发展，关键还是内容为王，还是要做好自己的内容，吸引受众的关键仍然是内容。真实的、对社会进步对思想有帮助的内容，受众是要看的，内容要接地气，要有针对性。同时，年轻人要多方面汲取知识来充实自己。我很喜欢看《人民日报》系列评论，能够学习到不少知识。

现在有些人太浮躁，文章里俏皮话讲得很多，看起来好像蛮生动，其实水分很多。写评论，对人家评头论足，不联系实际、不针对问题，你这个评论就没用。我们写评论写文章要考虑能真正让人有所得，想清楚到底想讲什么。

所以，现在年轻媒体人该怎么坚守？关键还是把自己内容做好，不能浮躁。其实一个人往往是感觉自己在工作岗位上没什么成就，他就浮躁了，越浮躁就越不能坚守，这就干不下去了。

要吃得起苦，有苦才有甜。思想不艰苦，作风不艰苦，都不行！要常想想问题从哪里来，实践当中有哪些问题，如果脑子一片空白，这怎么行？

采访组：您觉得青年学子，要怎样才能找到确切的社会问题和方向，去把脉社会？

江　坪：我对我们浙江日报的年轻新闻人讲过四句话。第一，要有赤子情怀。赤子情怀，这是党性观念。党报姓党。中国共产党的精神内核就是不忘初心、牢记使命，也就是要让老百姓过好日子。我们要有这样的赤子之心。

曾任人民日报社浙江记者站站长的鲍洪俊，后来在浙江日报当总编辑。他当记者的时候写过一篇很好的报道——《省长一怒为低保》。这是源于当时新一届政府的第一次会议，新省长一开始念稿子，后来脱开稿子讲。他说现在有些地方低保户的低保资金发不到户，你们县长有责任。你们少买一辆汽车，低保费不就有了吗？少买一辆汽车，几十万元，低保户人家几万块钱就拿到了。说到这里，省长就拍了桌子。因为这么一个细节，鲍洪俊写了一篇报道，背景讲一下，细节突出来，结果《人民日报》第二天就刊登了。这种报道多好，老百姓看了以后心里就感到热乎乎的，这个省长多么亲民啊！

另外一篇是我们浙江在线原总编项宁一写的《省长动情话民生》，跟鲍洪俊的这个报道是姐妹篇。省长在经济工作会议讲话的时候脱稿讲了，脱稿讲的内容都是极其生动的。省长说，现在我们有些干部加了一级工资，多几百块钱还不满意，老百姓、低保户你给他几百块钱，他都连声感谢党，感谢毛主席！话讲到这里，省长动感情了。浙江在线首页发表了这篇报道，省长看了也感到没问题。因此我一直说，我们新闻人应该动动这方面脑筋。你为什么不抓到这种新闻？因为这要有赤子情怀。

第二，要有竹子品格。竹子正直挺拔，我们的新闻报道要讲真理、讲真话、讲老实话，不要讲虚话，更不能讲假话。

第三，要有钉子精神。钉子精神就是要深入实际、深入群众、深入生活，只有到实际当中去深入调查研究，带着问题来写稿子，来写报道、写评论，这样才有力量，这样才能够真正解决问题。钉子不要钉到一半就没有了，会脱落的，我们一定要深入调查研究。

第四，轮子作风。新媒体时代，24小时不断地发布信息，你在值夜班的时候头脑也要很清醒，考虑怎么发一些真正推动社会进步、有益于老百姓的新闻。

在"浙报先锋"表彰大会（左起：张谷风、江坪、吴蒂、张冬素）

采访组：江老师，请和我们聊一聊《钱江晚报》的创办经历。

江　坪：《钱江晚报》是从一张白纸开始的。1987 年 1 月 1 日创刊。在那之前的 3 个月，我们浙江日报编委会已经考虑办晚报。因为那时候，我们收到好多老百姓的信，好像有几百封，信里都说我们浙江是文化之邦，没一份晚报太落后了。而且当时杭州日报（简称杭报）也在考虑办晚报，浙江日报不办晚报就要落后了。

编委会就决定向省委打报告办晚报。我们想了一些晚报的报名，有宏观的，有地域性的：宏观的叫《天天晚报》《每日晚报》；地域性的有 3 个，《之江晚报》《钱江晚报》《西湖晚报》。后来省委书记王芳定下来叫《钱江晚报》。编委会分工，让我去担任《钱江晚报》筹备组组长。

那时我考虑最多的就是《钱江晚报》的办报宗旨究竟是什么。我想到钱塘江，想到钱塘江源头，源头就是读者，这晚报就要心向读者，所以宗旨的第一句话就叫"心向读者"；有心也要有情，所以第二句叫"情系万家"。这样，最后定下晚报的宗旨就是"心向读者，情系万家"。我在创刊号上用我的笔名微微写了篇题为《心向读者》的文章。

开始办《钱江晚报》的时候，我曾布置过要写什么信息，开设哪些专栏，有一些专栏延续到现在，比如《晚潮》。现在晚报专题栏目更多了，但是服务读者的宗旨没变，晚报每天都在为读者提供需要的信息。

《钱江晚报》的创刊号信息量挺大，第一版信息有15条，其中有一条信息很重要，就是老百姓很关注的物价情况。有个记者为了了解物价情况，凌晨5点找到物价局局长采访，写好稿子10点发到编辑部。那时候没有网络，用电话发稿，编辑马上记下来，马上排版。11点我把办公室都搬到排字房去了。在那里看稿子，编稿子，发稿。12点截稿，13:30开始印。创刊号那天是七八十个人在印刷厂轮机房出报口等着，报纸一印出来马上取走，送到全市各个发行点。晚报开始发行量只有8万份，后来20万，最高到过100多万。

《钱江晚报》为读者服务，读者需要什么就服务什么，读者有什么困难，我们晚报还会组织有关义务队去帮助。那时候装电话很困难，每户人家等很长时间才能装个电话。后来我们请电信局的人到报社来服务，让读者来报社排队登记，局长带着相关工作人员现场办公。后来发展到读者需要咨询哪个部门，就请这个部门或者单位的领导来报社为他们服务。

有一年，杭州严冬，居民楼高层的水管都结冰了，老百姓到楼下拎水很不方便，但市政工程队来不及抢修。我们就发起了一个活动，号召能够做检修的《钱江晚报》读者都来帮忙，把他们组织成检修队到老百姓家里去检修，我们记者也跟着去服务、去报道。后来连市长也来报社感谢。那时候钱江晚报服务确实非常到家。

钱江晚报办公室的走廊里有幅照片，画面是老百姓为我们记者擦汗，这幅照片的来历很感人。那年夏天天气炎热，有的居民家里下水道堵塞，污水横流。记者前去"水患人家"采访、帮忙，记者做得汗流浃背，一个大妈上去给他擦汗，这个瞬间就被拍了下来。后来这个姓王的记者退休了，我就说你把照片挂到家里去。这就是读者和记者的亲密关系。当时我们还让记者到各个单位去体验老百姓生活。到解放路百货商店去当营业员，跟拉煤的师傅一起去拉煤球。这给记者留下难忘的印象，既是体验，也是沟通。

现在，《钱江晚报》为小微企业解难，也在为防疫解难。情况不一样，服务内容不一样，服务方法也不一样，但服务宗旨没有变。

采访组：您写过很多书，有评论、报告文学，还有散文等，现在我们身边的同学会有一些写作困难的情况，您对这些同学有什么建议？

江　坪：我的体会是，要学习，要调研，要思考。我是笨鸟先飞，学习面要广，调研要深入，思考要认真，写作要持续。记者本身需要各方面的知识，光读文学不行，光读政治也不行，政治的、经济的、文化的、法治的都需要懂一些。你知识面广就可以联想很多，这点要学习习近平同志，他到梁家河插队，主要带两个箱子，很重。老乡们奇怪他拿的是什么东西，这么重，一看全是书，各种各样的书。你看他到欧洲几个国家演讲，法国、德国的音乐家、哲学家、文学家都知道一些。这就要求我们知识面要广，思考要深。知识在于积累，勤奋在于行动。

采访组：江老师，无论是在工作中还是生活中，您都能长时间地保持热情，请问您是怎么做到的？

江　坪：人一定要有热情，要有激情，有激情才能写出好文章。我给一位记者的书写过序，说人在奋斗的时候才有激情，看准了目标我一定要做，一定要达到它，那就有激情了。一个记者刚到报社，是个见习记者，一定要想：我一定要成为高级记者。有这样一个目标后，就会不断努力，在努力当中就会产

义乌"一带一路"教育陈列馆（江坪题字）

生激情。没有目标就没激情，一定要有明确的目标。我们现在正处在实现第二个百年奋斗目标的新时代这个激情年代，激情来自明确的奋斗目标。

这种激情是一种精神力量，人无精神不立。精神来自目标，目标催生精神。做记者不能做一阵子，要干一辈子，干一辈子就产生了一种精神。我的座右铭，就是《钢铁是怎样炼成的》的作者奥斯特洛夫斯基的一句话："当他回首往事时，不因虚度年华而悔恨，也不因碌碌无为而羞耻。"没激情就没精神，就是虚度年华。过一天算一天，不行。每一天做一件小事，每个月做一点中事，每一年做一件大事，要不断积累。我记日记就记了60多年，每天问自己今天做了什么。你们今天的访问就是做了一件大事情。

采访组：您曾在 2021 年的记者节说过您有三个愿望，一愿维护好自身的形象，二愿共同搞好舆论监督，三愿同行保持身体健康。这三个愿望您觉得我们最先实现哪个愿望？

江　坪：要先维护好自己的记者形象，要自尊自爱，不是谁都能成为真正的记者的。有些人不是记者，是混饭吃的，碌碌无为的。真正的记者要关心社会、关心集体、关心老百姓，为老百姓做事情，为社会进步做事情，这样才是真正的记者。

采访组：请江老师描述一下现在的退休生活。

江　坪：我生活很丰富，除了参加社会活动以外，我现在主要参加浙江省关心下一代工作委员会（简称省关工委）的一些工作。我是省关工委副主任，在工作中除了对青少年进行日常培养外，主要在多地建立青少年教育体验基地，比如我们在大陈岛建立"大陈岛垦荒青少年教育体验基地"，引领青少年发扬

江坪退休生活照

垦荒精神。

省关工委还有好多基地，在义乌建立"'一带一路'青少年教育体验基地"，在安吉建立"绿水青山就是金山银山青少年教育体验基地"。此外，我的大部分时间就是看书学习，思考问题，评论写作。

我也很注意锻炼身体，我有30多年打网球的经历。体育锻炼很重要，一个人身体不好，工作是搞不好的，精神也提不起来。你们也要注意，身体是革命的本钱。

张建民：我一定要放一颗原子弹

采 访 组：俞丰君安、方艺霖、徐颢格、邓雅婷、王欣韵
采访时间：2021 年 12 月 3 日
采访地点：浙大城市学院魏绍相楼

张建民，1954 年出生，浙江海宁人。杭州文化广播电视集团高级编辑，享受杭州市政府特殊津贴专家。军旅生涯 14 年，从事电视新闻工作 30 余年。曾创办过《明珠新闻》《阿六头说新闻》《新闻搜搜看》等多档品牌栏目，其中《阿六头说新闻》在 2004 年中国国际广播影视博览会被评为"全国电视百佳栏目"。在专业期刊发表论文近百篇，并有专著《苛刻到底》。曾被评为杭州市首届十佳新闻工作者、浙江省首届十佳新闻工作者。主要社会兼职有：中国电视艺术家协会主持人专业委员会执委、中国广播电视学会城市广播电视新闻委员会理事、浙江省电视艺术家学会委员、浙江省电视专业理论委员会会员。

采访组：张老师，您好，非常荣幸能有机会采访您，请先和我们讲讲您的工作经历。

张建民：我其实是军人出身，1972年12月当兵，最开始是在部队当文书，再提干当教员，然后是参谋，之后就开始涉及电视了。我1981年就在福州军区做电视新闻报道了，在全军都算最早的一批了。我做过摄像、剪辑，撰写文稿，搞得蛮好的。

张建民部队时期照片

1985年裁军，我夫人是杭州人，她希望我回来，我就选择转业了。我写了一封信给杭州电视台，毛遂自荐。结果电视台同意了，可谓是8分钱一枚邮票决定了我的去向。其实那个时候军人转业分配得都很好，去什么公检法、交通局什么的，而且当时我是副营级，但这些我都不在意，我就是想搞我喜欢的专业。

因为我人高马大，到杭州电视台后，就从摄像工作开始做。那个时候摄像、采访和剪辑是分开的，就是所谓的"采摄分家"，看似非常正规，其实很呆板、很机械。很快，在整个杭州台新闻部，我的拍摄水平就是最好的了，所以我成了第一任摄像组组长。我从摄像到参与剪辑，再到采访、写稿子，慢慢就一体化了，于是逐渐崭露头角。

1991 年，电视台让我当新闻部副主任。这个时候就不仅是我自己去创新去突破了，我要带领整个新闻部去突破，担子也越来越重。

1993 年，《明珠新闻》开播。一开始台里没把我们这档栏目当回事，但是它恰恰就一鸣惊人、一炮打响了。栏目是快节奏、大容量的，以批评报道为主，这个比例占到了 80%。内容的贴近性很好，都是老百姓关心的事情，还有带观点的编前话、编后语，收视率最高的时候达到 45%，就是 100 个人里面 45 个人在看我们的电视，真是了不得了。

其实，那个时候有一个其他台的同类栏目已经做得非常好，一路领先的。但《明珠新闻》出来不到一个星期，就超过了它，从那以后连着七八年都是杭州新闻类栏目收视率第一。巅峰时，光一个《明珠新闻》栏目的广告收入就占了整个电视台的 45%。这个栏目开播当年就获得了省委宣传部和省广电厅的创新奖。大家干得都非常苦，也非常有激情，但核心在于创新。

这个栏目刚开始设计时，我们局长也不看好。我记得我当时曾对我们局长说："局长，我一定可以做到全省第一，我都已经按捺不住了，我对现在这些墨守成规的传统的电视新闻表达形式，已经忍无可忍了，你相不相信？"我记得非常清楚，当时陈局长坐着车沿虎跑路到钱塘江边之江路去，这些话是我在路上跟他讲的，我说："你看，我一定要放一个原子弹。""好，你这么有信心，我相信你。"然后，"啪"，就把全集团第一个，也是他唯一的一部手机给我用。栏目出来，一炮打响，不到 7 天就把当时最火的一个栏目超越了。

有时候我们记者会跑到居民楼下去逛逛、看看，听听普通居民家里电视机播的是什么频道。晚上 6:20 的时候，他们就在玻璃窗外听，如果听到"当当当

在杭州电视台的工作照

当当当"这个我们《明珠新闻》的开场曲，大家就非常非常开心。

　　采访组：张老师，您在参军之前是做什么的？

　　张建民：参军之前我是农民。我小时候，脑袋大，动作老是比别人慢半拍。我的兄弟姐妹老是奚落我："胃口不小，怎么光长头上去了？"

　　我们那个年代因为"文革"，没怎么读书，当兵以前我就念到初二，放到现在也就小学毕业的水平。

　　不过小时候小聪明有一点。有次我哥自己做了把二胡，学拉二胡。那时我小，十一二岁，我就悄悄地跟着练。有一次我觉得自己的水平已经远远超过他，就趁他们收工扛着锄头回来的时候，在屋里拉二胡，拉《北京有个金太阳》。后来那些工友和我哥说："他比你拉得好多了！"从那以后我哥再不碰那二胡了。

　　我十来岁的时候，我们那一带家家户户都纺纱。我妈在家里纺纱，我就跟着玩玩呗。学了没几天就纺得比我妈还好，我纺细纱，我妈只能纺粗纱，真的有点小聪明，哈哈哈。

后来去当兵，我当时想当一个汽车兵，好学点技术，提干什么的我想都没想，也不敢想。结果到部队，分配工作，居然干的是养猪的猪倌。

天，我怎么弄！好在我自己想学点东西，借了一本叫《怎样识简谱》的书。一边煮猪食，一边看书。就这样我一边干活，一边学会了识简谱。因为识简谱，口才又好，后来才被调去当教员了。当教员的时候，就在连队出墙报、黑板报，学测绘……就这样在部队里瞎练练出来了。

部队时期的绘画作品

采访组：您在新闻领域工作了 30 多年，哪次采访、哪些作品是您印象比较深的？

张建民：采访？印象深刻的很多了。比如有一次，杭州新华书店开业，这算是全国比较早的，新华书店在庆春路上，这个店现在还在，然后省台和我们台都去了。我那时候是摄像师。你想啊，开业的时候，人很多嘛，我把摄像机用双手举过头顶，黑压压一片人头，我就用俯角拍摄。当时摄像机很重的，不像现在的小机器，但我可以保持纹丝不动，就像三脚架一样。

当时省台也播出了这条新闻，他们还把新闻片子传给中央台。中央台看后要这个新闻，但他们觉得片子的画面不行。省台就打电话到我们杭州新闻，叫我们送片子过去。我就专门送去了，最后被录用了。他们的摄影记者觉得没面子，说"我就差那么多吗？他们就光一个镜头"。其实我还是有其他一些东西的，比如构图的准确性，还有抢拍。抓拍、抢拍、偷拍是我的强项。

再说一个啊。当时杭州有一家店叫景新食品商场。那次我作为文字记者去采访，到现场了解了一下，发现了他们一些细节，这些细节哪怕现在一些商店都没有。比如说卖鸡蛋的时候，每一个鸡蛋都用灯照过，看有没有问题，确保质量。然后卖的酱菜，滤汁要滤半天，包装纸去皮全部重新称过。这样为民服务的一家店，太好了，我就去采访经理。女经理讲到为了办好这家店，家庭都顾不上等等。我还现场采访了很多顾客，顾客都夸奖了。

我记得非常清楚，我问一名顾客："您为什么到这儿来买呢？""我一直在这里买的。我原来就在这住儿，我知道他们这家店，那真是好，我现在已经搬到城北去了，好远好远，我坐着公交车过来，我还要买他们的东西。""为什么？""买个放心，买个微笑。"我心里感叹，天哪，现场说出这样的话，太生动了。平常的一家店，现场的采访居然这么生动。

这条新闻出来以后，影响很大。后来副省长看到了，专门去店里看那个经理。那个女经理后来还成了全省三八红旗手。这条新闻还得了中国新闻奖。后来我们副台长说，这是"小洞里面抓到只大螃蟹"。

再比如有一次在高银街，有一个持刀歹徒在偷窃的时候被发现了，有一个姓陆的路人挺身而出，大喊"抓歹徒"，在场的人都跟着他去追歹徒，但这位见义勇为的陆先生被歹徒刺了一刀，牺牲了。接到电话时，身边机器也没有，但情况紧急，我抓了个话筒就赶去了。

当时我是这么想的，公安他们是有机器的，我可以用他们的。到了现场，公安的人真的带机器来了，我就把话筒插在他们那个机器上。我采访，他们拍。一次非常好的合作，片子后来获得了省新闻二等奖。

你看，就那么简单一个事情。我啥也没有，但我拿起话筒就走。这是一种意识，新闻敏感性意识。这种故事很多。

带新记者"练兵"

采访组： 您是什么时候开始做现场报道的？

张建民： 记者在现场做报道，在杭州台甚至包括省台，我是第一人。我是1991年开始的。在我之前，国内其他省份有，但浙江没有。

采访组： 当时是什么促使您尝试做现场报道的？

张建民： 首先就是因为看港台的新闻，他们有现场报道，我一直在看；其次因为一个人，山西电视台的记者高丽萍。当时山西电视台的电视新闻很有名，山西台高丽萍拿话筒出镜在那个时候已经很有名了。

我记得非常清楚，我第一个现场报道是关于有一个人为了让乘客不淋雨，捐了钱，造了一个公交候车亭，然后我就去现场做采访。我在现场配好音，全部剪辑好后，我自己觉得非常新颖。拿给主任看，主任说不行；我又做了一条又被枪毙掉；结果我连做了三次全部给我枪毙掉了，很多人说我拿着话筒在镜头前说来说去是为了出风头。后来，我和主任说，再怎么着也要放一条试试。主任同意了，没想到，就是这么一试，反响居然挺好。

那个时候，逢年过春节，我几乎从来不在家吃年夜饭，大家都说："张建民你现场报道挺会的，你弄得那么好，你去弄个现场报道。"所以每年年夜饭的时候，都是我自己拿个话筒背一个机器，在路上随机找个人说"你帮我扛一下"，然后把镜头对准自己，就开始做报道了。

当千家万户团圆的时候，我一个人拿着个话筒做现场报道，有时候采访很难，帮忙的人也不可能专业，拍出来的画面也虚了，但我总是想着能找点东西营造气氛，坚持了下来。

每一步创新都意味着跟旧的传统观念决裂，跟旧的思维模式分手，是很难的。

采访组： 您一手创办的《阿六头说新闻》开方言电视新闻之先河，能讲讲创新背后的故事和经验吗？

张建民现场报道工作照

张建民：《阿六头说新闻》栏目推出的整个过程都是曲折的，波浪形地向前发展。

当时，国内方言电视栏目已经有了，重庆有一个叫《雾都夜话》，这是全国首档方言电视栏目。那个时候，以杭州方言表演的滑稽戏，比如小热昏什么的都已经不大有人看了，演出市场和演员队伍都有点式微。有一次他们演了一个用方言表演、偏调侃的小节目，在电视台播出后效果蛮好。我们有一个记者叫翁晓华，那个时候她已经是新闻部主任了。她觉得新闻也可以这样，她就跟我唠叨了一句。我受启发后，构思了整个栏目的想法，框架的构建，并把思路拓展，后来栏目就出来了。

新闻是正规的一个门类，方言跟新闻能结合吗？当时也有很多人怀疑，觉得不可思议。我们也是思考再三，用方言，到底能不能做新闻？

我当时是这样想的，新闻事实是存在的、是客观的，对不对？至于我怎么说，第一，我不要去（瞎）编。我们是在说故事而不是编故事，故事说得越生动，越能吸引听众对不对？方言它有这个优点，这是完全可能的。第二，我们也不缺那种名嘴。按照这两条我们就设定了这些要素：方言播报，趣味化表达，故事化叙述，角色化演绎……这些基调一定，我们就决定做起来试试看。

接下去我们开始找人。找了两个人：安峰，就是我们西湖之声的主持人；周志华，是一个老演员了。样片一出来，到底能不能成，已经非常清楚了。

搞文艺的、喜欢新闻的都来看了。节目内容都是真事，主持人会角色化演绎，比如模仿两个人吵架，再加上趣味化表达，整个事件说得跌宕起伏，就好像邻居大叔在和你说这个事儿。节目一出，一炮打响，社会反响很大。同行都感叹，怎么都是你们《明珠新闻》的人干的。这时候我特别自豪。对！都是我们这帮人，还是这帮人。

这是全国第一档电视方言新闻栏目，这个栏目出来以后全国都轰动了。高峰时候我一天要接待几批来访的兄弟台工作人员，全国范围内不断地有人来取经。当时浙江大学的俞虹老师对我说："你们应该开个研讨会。"其实我早就把相关论文写出来了，主要内容就是开拓报道的空间地域这些。然后我们就搞了一个全国性的研讨会。中国社科院新闻研究所、中国传媒大学、中国广播电视学会新闻领域的专家学者都来了，也包括中央电视台（简称央视）主持人、评论员等。办完研讨会，这个新闻栏目的影响力就更大了。2004 年，这个栏目获得了"全国电视百佳栏目"荣誉。

《阿六头说新闻》是我职业生涯中的又一个高峰。

当你有了创新的思维，你前行的路上就不断会有创新的举措、层出不穷的奇思妙想。你所带领的团队，整个就是在波浪式地往前发展，总是在涌动着前行，绝对不会风平浪静的。

《阿六头说新闻》被评选为"全国电视百佳栏目"

采访组：新闻传播对城市发展影响深远。您觉得像《明珠新闻》《阿六头说新闻》这些新闻栏目对杭州城市的建设发展有没有帮助？请谈谈印象深刻的报道案例。

张建民：我前面讲过，我们所做的一切——用批评报道这种形式，给市政府工作找毛病、提建议、提供观点——就好像一个人身体不适，医生给你号脉号出来，才有可能对症下药。杭州市政府这点蛮好，问题报道出来了，政府会督促大家去改变、去改进。

杭州有一个市长热线 12345，它创办的时候我们就参与过讨论。后来，我们的记者做批评报道时，12345 很多时候也会到现场。

市政府的一些职能机构和我们《明珠新闻》，还有后来的其他一些栏目都有密切合作。这种合作，简直就是珠联璧合啊！大家都是为了一个共同的目标，就是为了城市的健康发展。有些问题要改进、要推进，政府也需要借力。媒体毕竟是有力量的，是不是？我们的批评报道跟上，情况就可能会有改变，而且除了批评，我们的报道也会有改进的建议。我觉得整个杭州媒体的批评报道不是为批评而批评，对这个城市一些不足的地方，我们也是很着急的，指出来的目的就是希望让政府做得更好，仅此而已。

我又要说一个例子了。西溪湿地，当年我跟同事两个人很短时间内就做了5条报道。那个时候的西溪湿地，这里被侵占，那里乱倒垃圾，还有养猪什么的，我们就此连做了5条报道。这5条新闻报道出来以后，市政府非常重视。

开明的领导会巧妙地运用媒体的力量。我记得我们报道过一个居民小区卫生如何如何不好，报道一出来，省长都来了，说这个内容还可以再做。哎呀，当时我就真的很感佩这些开明的领导。

采访组： 20世纪90年代，我们国家的媒体改革成果显著，媒体经济向好，传播环境也趋于开放。请谈谈那时工作的切身感受。

张建民： 一个成语非常能概括我们当时的工作心态，就是"蠢蠢欲动"。大家都非常想做好新闻，但是到底该怎么做？这是一个考量一家媒体创新意识有多强、创新能力有多强的时代。

创新能力是一个非常重要的东西。比如说正面报道，正面报道其实也能出彩。只不过，以往大部分正面报道一般都是四平八稳地摆拍，镜头程式化地开始走。这不行了，我们就神不知鬼不觉地做暗访、偷拍，做下来就非常真实。这种新闻播出去，它的感染力会好很多。

那个时候，时政新闻往往涉及大型会议现场，我进会场，就跟随式、伴随式地采访——进去以后会场是什么样，在座位上又是什么样，再加上散场时的采访，领导会后的互动，等等环节，都可以做得很活。这样时政新闻从形式上首先就活了。

我记得有次我们做了一个系列报道，对窗口单位进行暗访，交通、财税、民政等六七个单位的办事窗口，我们都以暗访的形式去采访。记者以一个办事员的身份去办理业务，窗口工作人员爱理不理的，当时很多窗口都这样子。

我们采访好后一天播一条，每天一条有关窗口单位的新闻。播出后，很多单位的领导坐不住了。其中一个单位的局长是我的好朋友，特别着急。还有人给我施压："张建民，我跟你讲，你给我试试看，你这个主任还要不要当？"我记得我说，不当也可以，但是新闻必须得继续播。台里也顶住了压力，后面的系列报道照样播了。

再后来我接到市委书记的秘书给我打的电话，他说："老张你要写一个你们这次窗口单位暗访的情况说明给我们，再把系列报道内容拷贝个录像带给我们，明天就是'满意不满意'全市表彰总结大会①，书记会发言。"我就写好材料送到市政府去了。

第二天大会上，果然书记发言说起这事了。他说，现在有些单位服务很差，《明珠新闻》这几天天天在播。然后书记就让放录像带，下面一个个都惊呆了。书记还在会上特意说，有些局长还威胁那个新闻栏目的主任——你主任还要不要当？

书记这么说，其实是给我吃了定心丸。

有领导这样来支持我们的批评报道，我真的感动，非常感动。我们的批评报道，不是想给谁抹黑，我们的目的真的是想帮助我们的政府，改正一些缺点，改进一些存在的不足。真正开明的领导，他懂得这一点。

采访组：您 30 多年的新闻工作经历，前 20 年可称之为传统媒体时期，后十几年是新媒体的快速生长期，能否谈谈您在这两个不同时期工作上的变化？

张建民：新媒体我研究不多，我主要做传统媒体，我只能谈传统媒体变化的事。自从新媒体出来以后，传统媒体步履艰难。尤其是像我们电视新闻，过去是深不如报纸，快不如电台。后来电台不行了，也快不如新媒体了。

---

① 杭州市委、市政府从 2000 年开始在市直单位开展了满意单位、不满意单位评选活动，简称"满意不满意单位评选"，一般在次年年初公布结果。

在一个人人都是记者、大家都可以发新闻的年代，传统媒体实在是太难了。但是我想说，其实我们刚刚做电视新闻的时候，同样也是"不如人"，我们电视也是徘徊于新闻创新的门槛，但是通过我们的创新，电视新闻实现了质的飞跃。同理，现在我们的传统媒体真的是进入黯淡期了吗？

我想不应该是这样的。自媒体人人都是记者，依我看不过就是一盘散沙。尽管散沙里面也有一些金子，也有一些玉石，但是总的来说是沙漠地带，它对于一个健康的生态圈来说毕竟不是最健康的部分，对不对？

我们传统媒体怎么样突破瓶颈，要动脑子。比如说要跟他们比快，肯定比不过，我们有严格的审核制度和社会责任的要求。我们比什么？

第一，比准确！确认这个新闻事件是真的还是假的，这是我们的强项。我的优势是可以告诉读者，谁是错的，谁只对一半，谁开始对的后来也错了，谁完全是在编造。

我们可以用采访，用权威信源，我们背后也是有政府权威信源的，这个自媒体没有。我们出来的东西都是权威的，都是一些可以以真"怼"假的。这个自媒体没法儿跟我们比，这就是我们的优势。

第二，我们的采访和报道是可以持续的。一个事情我们可以持续关注，可以持续不断地投入人力、物力，直到找到根源和真相。

第三，我们有观点。这个观点的"发言人"可能是政府机关的发言人、领导，或者是我们自己的评论员。他们以事实说话，以观点服人，说出来的观点，一字千金、字字铿锵。这些都不是一个自媒体随便可以胜过的，我们一定要有这种信心。但是光有这种信心是不行的，要有实实在在的举措、实实在在的创新，要有人去做。

我退居二线的时候，集团交给我一个任务，就是让我去一个新成立的公司做新闻栏目。新公司叫梦想传媒有限责任公司，是我们杭州文化广播电视集团和华数数字电视传媒集团联合成立的，由原来的杭州市电视台影视频道、华数的移动电视数字电视零频道，加上我们集团的网络电视（葫芦网）组成——其实就是"两台一网"组成了一个新公司，名不见经传的。

我就开了一个新的栏目《新闻搜搜搜》，还是做大容量、快节奏但有深度的新闻。很快，栏目起来了，收视率嗖嗖上去了。

所以说我们有足够多的办法去应对新媒体或者自媒体的挑战，而他们确实也有很多好的东西是值得我们借鉴，但如果面对面"打起来"，我觉得我们"正规军"能打硬仗，胜算很高，没问题的。

采访组：《苛刻到底》一书表达了您对新闻业务的理性思考，犀利而实用。促成您十多年持续写作的动力是什么？

张建民：这本书是我个人关于新闻业务研究、实践的一些心得和总结。既然是写论文，做理论研究就不仅是只关注身边的事情了，我可以打开视野，古为今用、洋为中用，外地的经验拿到本地来用，完全是一种立体的、跨越时空的状态。

我这个人还喜欢思考业务上的各种很细节的问题，所以新记者在我的手下做起来，进步会非常快。为什么？就是他做一条新闻，问题出在哪儿，又好在哪儿，就像一个医生给病人号脉一样，我一定会很细致地告诉他：这条新闻虽然已经播出了，但是还有几点你要注意，以后1、2、3这几点要把握好，后面就一定会进步……

那个时候还没有电脑，我就用笔写下来。比如今天第一条新闻，有什么问题，怎么样改进；第二条有什么样的问题……我每天都会写几张纸贴在那个阅评栏上。然后有些思考我自己用文字整理出来，总结梳理为一个业务研究文章。

我当副总监的时候，每次看了节目以后都会写些得失，有些评节目的手稿我现在还收着。台里的文艺部，当时不是我分管的，但他们也会有人来找我，说能不能帮他们也看看，我说没问题啊，而且每个栏目我都帮他们看，问题写下来，都贴在他们文艺部办公室的墙上。

知错就改、扬长避短，这样记者才能进步。

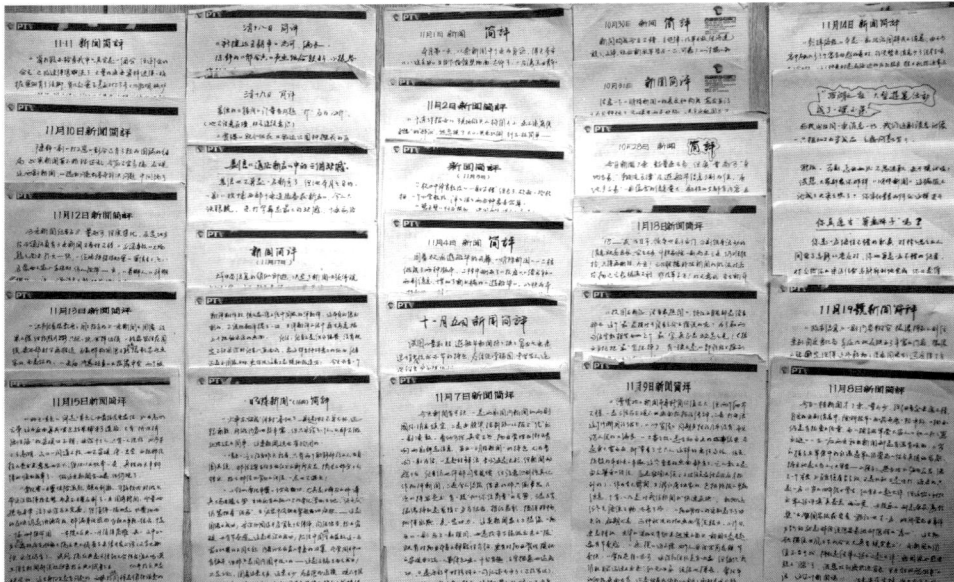

在任职《明珠新闻》报道部主任期间，每天坚持新闻点评上墙

我在新闻部的时候，我们办了一份自己打印的内部刊物，叫《探索》。这个我现在还保存着很多期。开始是一周一期，后来是半个月一期，都是有关业务的一些散文、随笔和感悟。我后来当了集团总编室主任，就干脆办了一本杂志《文广会》，图文并茂，供新闻人交流学习。

当时，杭州记协有一本杂志叫《新闻纵横》，我在上面开了个栏目《声屏聊吧》，写的都是一些鲜活的现实的内容，并且加以点评，辛辣的、诙谐的都有，连载了很久。

采访组：您写的《苛刻到底》这本书，也是以一个媒体人的视角研究新闻行业的一些问题，您觉得您研究的亮点是什么呢？

张建民：亮点应该就是很多内容都来源于采访事件，来源于实践。每一个采访案例我都非常了解，最后胜在哪里，败在何方，我都一清二楚。

除了自己的实践，我还结合其他的一些成功经验，思考失败的教训，以此告诫自己该怎么去创新。

其实，我们有不少创新是失败的，但是你只要不断地探索，不断地实践，就会眼明心亮。每次，当我把目光放到全国媒体界，甚至全世界后，再一比对，思维的火花就不断地闪现，创新的灵感就来了。再加上我的文字水平也还算行，整理归纳一下，这本书的内容就慢慢积累起来了。

采访组：您的记者生涯中有过失望的时刻吗？

张建民：失望有。失望和沮丧伴随着希望和兴奋，永远是相辅相成的。我这个人心性还算有韧性，再失望、再沮丧，也阻止不了我向着一个目标努力前行、勇于创新。

在部队的时候也是一样的，我就算去养猪，我养的猪也是膘肥体壮的。当文书，全师几十个连队参加的墙报评比，我能带队拿第一名。歌咏比赛，我是我们连队负责指挥的，也拿了第一名。

你不付出点什么就想取得成功？连门都没有！很多人都想走捷径，哪有这样好的事情。任何成功都是一步一个脚印、用艰辛汗水得来的。但光有汗水也不行，还要开动脑子，你的思维一定要跟你的实践、跟你的汗水结合起来，那才是真正的有质有量，才能助推你前进。

采访组：张老师，您曾经当过军人，然后是新闻人，退休后还是诗人、朗诵者和播客，在这些角色中您最喜欢哪个？

张建民：第一当然是军人，没有军队 15 年的历练，也就没有我后来的这种前程。我自己很多本事都是在部队的时候练就的。比如当猪倌的时候一边煮着猪食，一边看书学习，尤其是写作和画画，都是在部队时培养起来的，还有雷厉风行、坚毅刚强，说一不二的做事风格和韧劲，都是在部队锻炼出来的。部队让我学会一技之长，塑造了我的性格，培养了我的兴趣爱好，所以我对部队

退休以后，张建民（右）坚持摄影、写作、做播客

始终充满了一种感激之情。

第二是记者这个身份。记者这个身份太崇高了，记者观察世界、评论世界、记录世界。我觉得记者就是一个记录者、一个思辨者，记者把好的东西展示出来，大家去学习，去传承，去发扬光大；记者把那些阴暗的东西揭露出来，让大家去批判，去改正，去避免……还有什么比这个职业更加崇高呢！

每一个人都生活在一段历史当中，记者也一样。社会生活有五彩缤纷，也有肮脏不堪，记者本身既置身其中，同时又要跳出这种格局，要冷静客观地去看问题，甚至还要去思考，去建议，向公众指明一条正道。所以无论这个世界怎么变化，记者一定要站在时代的前列，随着社会的变化而变化，但是我们爱国、爱党、爱民、爱社会这样的一颗初心永远不能变！

俞柏鸿：
我说我的话，让别人去为我喊加油

采 访 组：胡陶卉子、高媛、章哲涵、郑一诺、王璇
采访时间：2022 年 4 月 1 日
采访地点：俞柏鸿宅

俞柏鸿，1965 年 8 月生，浙江诸暨人。资深媒体人、新闻时评人，浙江省文化艺术智库专家、中央电视台特约评论员、凤凰网名师堂讲师、浙江省漫画家协会副主席、浙江省科普艺术协会副理事长。曾担任《浙江工人日报》副总编辑 17 年，获评全国报业先进经营管理工作者，作品先后 12 次获浙江新闻奖。出版《锋从磨砺出》《柏鸿写新闻》《柏鸿有画说》等著作 13 本。

采访组：俞老师您好，非常荣幸能够采访您，请先简单地介绍一下您的工作经历。

俞柏鸿：工作经历不复杂，很简单。

我大学学的是城建规划专业，算是个工科生，但我从小喜欢画画、写文章，我小时候的作文特别好，中学时作文就得过全校一等奖。

参加工作后，先是当秘书，后是做记者。

20世纪90年代末，俞柏鸿（右三）下长广煤矿千米矿井采访

那时候正值报业大发展时期。1987年《钱江晚报》创刊的时候，需要大量的年轻记者，我有幸在那里工作了一段时间。后来浙江工人日报向我递来橄榄枝，因为那时候《浙江工人日报》的发行量大，受众也非常广，关键是报社的福利特别好，可以分到房。这对我一个农村来的人来说是有很大吸引力的，所以就进入浙江工人日报工作。

在浙江工人日报，我从记者干到部主任、编委、总编助理，后来做到副总编辑。可以说，我对浙江工人日报是很有感情的。

获评全国报业先进经营管理工作者

世事难料，后来都市类报纸异军崛起，媒体格局发生了很大变化。我离开了浙江工人日报。现在，我既是一个退休的媒体从业者，又是一个新上岗的媒体从业者。因为我退休以后，一半时间用在了自己的爱好画画上，另一半时间从事媒体评论，包括电视专题的录制和一些文字评论。

应该说，我现在是在做自己更喜欢做的事情。原来当副总编的时候压力很大，要管很多事情，而现在是和很多年轻记者在同一赛道上。我有时候也在抢他们饭碗，不大好意思。哈哈哈哈哈。

采访组： 从一名城建规划专业毕业的政府工作人员到新闻记者，这背后有没有什么故事可以和我们分享？

俞柏鸿： 故事有。在那个年代，大学生还比较少，我是一个幸运儿。我大学毕业后有一份很好的工作，单位很好，那时候机关对年轻干部的培养又非常扎实。但是我是一个非常外向的人，我觉得我不适合在机关工作。我文字水平虽然还可以，但写两三万字的报告，对我来说真是一种煎熬。这种煎熬是自己才能够感受到的。

其实，那时候我经常写东西，主要写新闻通讯稿或豆腐干大小的文章。为什么钱江晚报希望我过去，就是因为我经常在当时的《经济生活报》《杭州日报》等报纸上发表文章。当时还有《杭州农民报》，你们想不到吧？我也经常在上面发稿子。

所以这一个"转"，对我来说其实是一件非常快乐的事情。那时候年轻，根本不会去考虑你的身份是公务员、事业编制人员还是一般的企业人员等等这些问题，就是有一种年轻人的激情，不是冲动，去了以后很开心。

2022年是《钱江晚报》创刊35周年。有一点我一直很自豪，早年的《钱江晚报》只有4开4个版，但在头版经常会有我的文章，这非常不容易，全报社有那么多的记者（在竞争）。我那时候很勤奋，晚上有时候就睡在办公室里，真的是累并快乐着。

2001年采访美国商会主席史提夫·温安洛（左一）

那时候有很多老师带我们，都是一些德高望重的新闻前辈。后来常有人问我，转岗转行后不后悔。我说绝对不后悔。哪怕你现在给我一个厅级干部做，我也认为还是现在这样好。

采访组：一个纸媒工作者在电视评论界出圈，这种跨界是怎么完成的，可不可以跟我们分享一下，比如说一些印象比较深刻的电视评论？

俞柏鸿：对，这个确实很奇怪，我以前是不善言谈的人，我比较喜欢思考，也比较勤奋，但是让我上电视说话，应该是我的一个软肋。

为什么后来去做电视节目呢？是一次非常偶然的机遇。

我现在都非常感恩现在的浙江卫视副总监周冬梅，她是我的诸暨老乡。有一次她给我打电话，她说他们开了一档栏目叫《人生 AB 剧》，希望有社会经验的媒体人去当观察员、嘉宾，然后做评论。我问她，是到电视台现场评，还是记者来采访我。她说是到电视台评。我说那怎么行！我说我到电视上说话要手抖脚抖的。她说，没事，俞柏鸿你没话说就不说，想说的时候就说。

就这样，我第一次走进了浙江卫视的演播室。开始确实是有一点怕，脑子里一片空白。但是那天的节目内容非常好，内容讲的都是家长里短的事，很吸引人，我一下子就投入进去了，进去以后就不能自拔了。就感觉到我有话说、我想说、我愿意说。

这个节目还有奖励制度。节目的最后环节是观众现场投票，给我们几个嘉宾投票，他们现场举牌投谁。我很幸运连续 5 场第一名。你们知道那时候的奖励是什么吗？奖一辆电动自行车。那时候还是自行车时代，但浙江的企业已经开始生产电动自行车。所以我就被奖了 5 辆电动自行车。那时候的电动自行车差不多 2000 多元一辆，我们的工资只有几百块，这对我来说是一个挺大的触动。做电视节目还有这么大的收获，确实没想到。

哪怕没有奖励，人其实也是有表达欲的，慢慢地我就做得有点上瘾。那时候我还在浙江工人日报工作，有时候我扪心自问，觉得还是应该心无旁骛地把报纸办好。虽然我都是在自己的业余时间去参加电视节目，但总会牵扯精力。权衡后我的想法是，要抓住所有走到面前的机会，只要抓住了这些机会，拥抱了这样的机会，就不要管成不成。做可能失败，不做却肯定失败。

我最后应该算是成功的。后来很多电视台都来叫我去参加节目了。

还有人问过我，为什么能走出浙江？其实也是因为一次机缘巧合。当时钱江频道（浙江电视台钱江都市频道的简称）有一档栏目叫《谁赞成谁反对》。我记得当时与杭州大学的一个教授一起做，我们两个人都是辩手。结果节目被上海电视台的编导看到了，他们就找到了我，问我能不能去上海录节目。后来我去了，这个栏目就是《大声说》。这是一档辩论节目，播出后在上海很火，一录就录了 8 年。

录制上海电视台栏目《大声说》

再后来，包括央视、辽宁台等都来请我，越来越多，我也越做越上瘾。所以到了 2014 年，我辞掉副总编职务。我很感恩我的上级领导，理解我、支持我。就这样，我给自己的纸媒生涯画上了句号。

录制央视12套直播栏目《夜线》

采访组：您在电视评论界被称为"俞铁嘴"，这是观众对您犀利评论的喜爱。您在担任电视评论员的过程中，遇到的最大困难是什么？

俞柏鸿：是有困难。不过在以前是困难，现在可能就不算困难了。

我原来不善言谈，算是劣势；电视语言呢，它不希望你滔滔不绝，而我的语言比较精炼，反而就成了优势。

有过的最大困扰，应该就是网暴吧。

我们这个年龄的人，不像你们是互联网的原住民，我们一开始对互联网不熟悉。事情往往是这样，在现场录制的时候，我酣畅淋漓，该批评就批评，该指责就指责，但录制结束，节目播出后，在互联网的世界里，无论你说了什么，网民都能把你骂得狗血喷头，而我都不知道怎么去还嘴，因为我不会用互联网。网上的各种谩骂，什么都有——骂祖宗十八代，咒你明天出殡的也有，甚至连普通话不标准，容貌长得"谦虚"，等等，这些都要拿出来说，有一种被人摁在地上再踩上几脚的感觉。

那个时候我真的困惑过，何苦呢？但是人都有一个适应过程，过了一阵子，我就越来越适应了。我就想，唉，有人骂我也是他关心我，他冒着自己生气的代价来关心我的节目，还要去思考骂什么比较好。

被骂得最狠的一次是在做《大声说》节目的时候。那时候上海生源的大学生有一个习惯，不管他们在全国哪里上大学，都想回上海工作，那几年上海的大学生就业可谓难上加难。

我当时在节目中说，为什么他们不学学前辈，支援全国经济建设。我还说，早年的上海大学生，去了大西北，去了东北，撑起了那里的经济，现在的上海大学生不愿意离开上海，这一定是观念出了问题。

结果好了，节目播出后完蛋了。

第二天，上海的各个网络，包括社交平台、论坛，都在骂我。最后统计出来是有 30 多万条，最长的有 5000 多字。还有人在网上发起万人签名，要把俞柏鸿赶出上海电视台，还有人联名给上海电视台写信，要求封杀我。

在这个过程中，我非常感谢上海电视台。他们很理解，知道我没有恶意，包容了我，节目的录制也一直没有停。我自己也认为这是一个比较善意的建议，并不是贬低他们。

网络上的反应有时候很极端，当然后来我自己也有反思，有些话我可能说得太直白了，其实可以更委婉一点。

这一场风波的后遗症可以说很大，连我当时的百度百科都被人恶意篡改了，里面骂我的话不堪入目。我后来跟百度官方抗议，百度方面也认为这是有人恶意攻击，就帮我全部修正好了。这个过程也是一种痛苦。

我现在做广播评论，圈子里说得最直白的可能就是我了吧。我也会去看 App 上的留言，骂我的总是有的。我现在对"骂"这一点，免疫力已经很强了，抗骂的心态也很成熟了。这时候我一是说声谢谢，二是提醒不要骂得太凶了。我怕骂我的人血压升高惹出麻烦，反正我的血压已经很稳了。哈哈。

其实，现在也有痛苦。以前的我，即使称不上风华正茂，也是正当年。但

录制东方卫视栏目《东方直播室》

现在我头发都已经开始花白了，录节目时坐在我边上的这些学者、嘉宾，比我小 10 多岁都是很正常的，有的都已经算是隔代了。我现在最担心的是怕自己听不懂他们说的话。我一直在学习，包括语言和思考。这都是难点、痛点，但是也很快乐。为什么呢？因为我一直在进步。

我接触的年轻人都愿意和我交朋友，他们经常说俞老师人很谦虚。我说我不是谦虚，这是好学——我要向你们学习。

采访组：您会担心因为自己的犀利点评，惹得观众或者其他人不快吗？

俞柏鸿：不担心。我是善意的。

我经常给自己鼓励，我讲我的，让别人为我去喊加油。别人愿不愿意喊是别人的事情，但是这阻挡不了我。我有这个平台，这个平台也信任我，让我说，我就要负责任地说。如果每个人都只说好话，我想这不该是一个电视节目的正确打开方式。

我坚守的，是"善良"，还有"正义"。

任何人无论如何都不能因为有平台就肆意妄为。这样的人是不厚道的。人越上年纪会越厚道，这个是我自己的真切感受。

我说的话，一定是良药苦口的。有人说我博眼球，我说我做电视节目已经20多年了，已经不需要博眼球了，尤其到了目前这个年龄，更是不需要。年轻的时候可能还比较看重面子，现在已经无所谓了。

采访组： 那您觉得一名新闻评论员他最可贵的品质是什么？

俞柏鸿： 最可贵的品质是有自己独立的思考，这个是很重要的。

这方面我坚守两点，一个是底线：法律法规。观点思考如果突破了这个底线，那思考得再多，对社会也是有害的。第二个是上限：公序良俗。如果讲的不是人间的话，不是老百姓认为符合公序良俗的话，那都是空话。我一直坚守这两点。

喜欢我的人会认为我是铁嘴，为什么呢？因为他认为我讲的话还真是一针

在杭州电视台录制节目

见血。当然也有些人认为我是脑残，因为我说的话可能对某个群体是一种伤害。但是我坚守一点：问心无愧。这个很重要。如果今天说了什么，说得酣畅淋漓，曝光度也很高，但自己晚上觉都睡不着，那就是良心受折磨了，那不行。

采访组：您的新闻评论和新闻漫画，常常寥寥数语或者数笔就能一针见血地指出现实中的荒谬之处。这种犀利是如何养成的，您觉得通向犀利的路径是什么呢？

俞柏鸿：不要急。要厚积薄发。

我曾经跟一些学新闻专业的大学生交流，我和他们说千万不要急功近利，你急功近利的时候，就是失败之时。

现在的年轻人会说，"您说的东西都是这样，感觉这我也会说呀"，但是在一定的场合，能不能瞬间说出这样的话？这种反应能力是长时间积累出来的。

此外，我认为每个人有每个人的风格、思考、阅历和主见，这些是绝对复制粘贴不了的，是不同的。千万不要去学。

在美国自驾旅行途中与当地学生交流

我从来不去学任何人。年轻人千万不要认为"哎，俞老师这个方式蛮好"，就学我的说话方式，那观众一看，估计要"吐血"。为什么呢？和身份不符合呀。年轻人有时候话讲得就是幼稚的。我幼稚我年轻，我幼稚我青春啊！慢慢来嘛！

再次，年轻人一定要善于思考、善于观察，这是很重要的。

譬如路过地铁口，我会去观察年轻人的走路速度，观察地铁口的行路文明。现在我们杭州的地铁非常好，都是有上有下的电梯，一些没有电梯的楼梯中间会有隔断，这时候我就会观察，有没有因为下行的人多，下行的人就占了上行乘客的路。如果多了，我们的文明素养或出口设计就可能有问题了。然后如果哪一天节目上要讨论这个话题，我就有内容说了。这个就是观察。

除此之外，我还有一个习惯，就是把想到的话随时随地记下来。因为我的记忆力虽然不算差，但也不一定任何事情都能记住。

在西湖边担任公益志愿者

我认为厚积薄发一定是对的。年轻人不要急，慢慢来，做有心人。

任何事情，包括学习，只要在路上，就没有到不了的远方。

最后，还有一点很关键，就是"爱"。我认为每个人对自己学的专业一定要有爱。有些人说，我不喜欢这个专业，但我应尽力让自己去喜欢，不喜欢，也慢慢来。

我转岗转了两次，但后来我再也没转。为什么？这是一种忠诚度、一份归属感。对一份工作一定要有归属感，有了归属感以后，领导才愿意培养。否则领导认为你"身在曹营心在汉"，今天在这里，培养了以后明天就给人家了，谁还愿意培养？有深造的机会也不会给。

所以要让人家感受到你是踏实的、扎实的。这时候，可能一些可遇不可求的事情都会"幸运"地降落到你身上。我认为这就是一种收获、一种回报。

采访组：您一直在不断地跨界，从城建规划到新闻，从纸媒到电视，然后从电视的新闻评论到情感节目的情感专家，个个都做得风生水起，您成功跨界的秘诀是什么？

俞柏鸿：阅历很重要，另外是热爱，还有一个就是认真。

央视的一个编导曾经对我说过，"俞老师，像您这样既做情感类综艺，又做时评的，很少"。我说，因为我是个媒体从业者，媒体人是杂家，记者就要是一个杂家，阅历决定了能力。

我在当记者的时候，很喜欢的一句话，就是"拥抱生活"，而且我喜欢坦诚，所以我"热爱"这样的跨界。有人说在我眼里好像没有坏人，都是好人。我说，因为我把别人都看成好人的时候，我自己就快乐了；把别人看成坏人的时候，我自己会紧张，自己很累。对人是这样，对事也是如此。所以我很享受我的跨界转型，也就能坚持下去。

最后一个，就是认真。

人家问我在《爱情保卫战》里怎么能表现得那么好，我说，其实是"万变

录制央视一套栏目《青年中国说》

某节目录制前与编导、主持人一起商量台本

不离其宗"。生活中，虽然每个人的形态都不同，但很多东西是可以感同身受的。谁没有感情经历？谁没有社会经历？谁没有对时局的思考？都会有呀。认真去深化、思考这些生活中的东西，转化为自己的观点，也就转化成不同电视节目的评论了。

而且，在做情感节目的时候，我一直都会想：我这是在帮人，帮人的话一定要认真，一定要负责任。

我的心态一直比较好，我也不记仇。人都会有不如意嘛，但我不会超过两天，就又忘到九霄云外了。

让我比较高兴的是，现在观众吐槽我的常常是：普通话不标准，年纪太大。没人吐槽我胡说。这我就很高兴。让大多数人认为"你说的对我们有用"，这个对我来说是很开心的事。

录制东方卫视栏目《极限挑战》

采访组：您是怎么开始创作新闻漫画，然后又是如何坚持了十几年的？

俞柏鸿：这是一个意外收获，也是一个水到渠成的结果。

我从小就喜欢画画。我很感谢我的小学美术老师，那时候我们小学课本第一页的内容就是"我爱北京天安门"，我感觉天安门很神圣，就经常画天安门。

老师看到后说："你画的天安门比同学们都画得好很多，你要多画。"那时候小孩嘛，一句鼓励，就很受鼓舞。后来拿到个香烟壳都会画，总之是喜欢。

我读中学的时候在学校挺出名。一是因为我的作文写得好，我得过全校一等奖；二就是我的画得过全县第一名。

喜欢画，是基础，再就是要感谢后来帮过我、给我鼓励的很多人。

我还在浙江工人日报工作时，有一次我们的美术部主任、杭州市美术家协会副主席于保勋先生对我说："小俞，你这么喜欢画画，为什么不画新闻漫画呢？新闻漫画跟你的专业符合，你又喜欢思考，又在写评论，你把这个东西画出来，该有多好！"

新闻漫画是一个好的画种，新中国之前就有。新中国成立以后，新闻漫画其实也是一个很重要的传播形式，但是现在的从业者画得很少。

我立刻觉得这个主意很好，我还提出要拜他为师，他没答应，但我们两个成了忘年交，他一直教我。慢慢地，就有了大家看到的、我创作的新闻漫画。

出版的部分新闻漫画书籍

我那时候最高兴做的是什么呢？就是看到新闻以后，自己先写一点小评论、意犹未尽的话，再配一幅漫画。

有新闻、有评论，又有新闻漫画，这样一融合，刊登在报纸上，内容就很丰富。我也就慢慢画上瘾了。

那时我写信告诉漫画界老前辈华君武先生，我说，我要出一本新闻漫画集。他回了一封热情洋溢的长信，信里说这个想法非常好，作为一个媒体从业者去画新闻漫画是最合适的，而我又是报社的领导，自己能画，这也是对新闻漫画的支持。

我也非常荣幸，画了这么多年，我的新闻漫画作品获浙江新闻奖12次，而我的纯文字新闻作品获奖好像只有两次。人家不会画，我会画嘛，我又能简洁

向新加坡中国文化中心赠送自己的书画作品

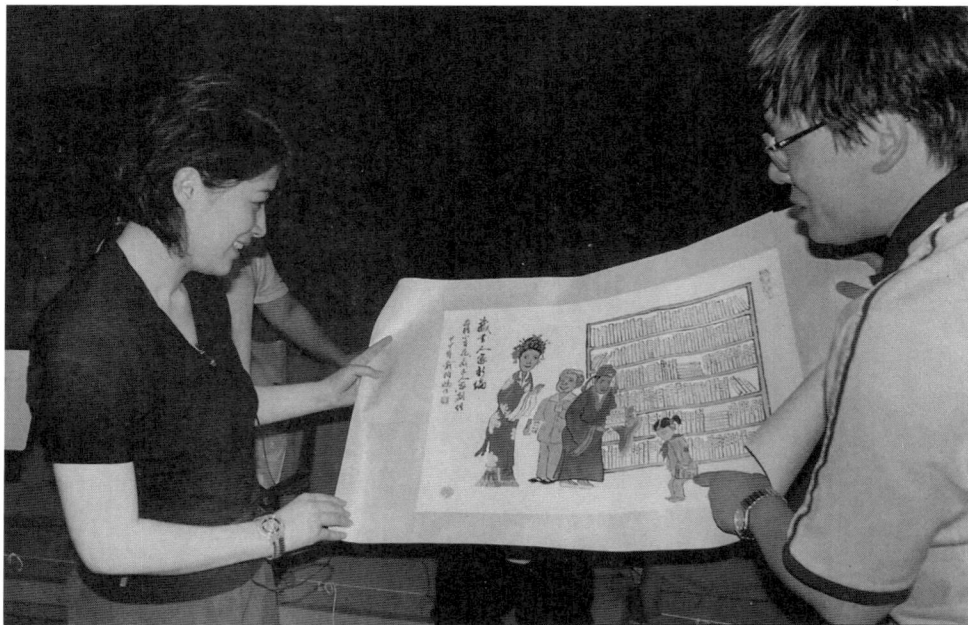

2004年向浙江小百花越剧团捐赠戏曲漫画作品

地配评论。获奖也有运气，我自己心里清楚。这算是无心插柳，但也谈不上柳成荫，不过至少让我有了这些收获。

后来，也是于保勋先生推荐我加入浙江省漫画家协会，我非常感谢于保勋先生。现在我作为浙江省漫画家协会的副主席，更多的工作还是在新闻漫画方面。

采访组：您在创作高峰时，每年有上百幅漫画作品问世，这样高产的背后除了热爱，还有其他什么原因？能给我们介绍一幅您印象深刻的作品吗？

俞柏鸿：最大的原因就是刚才说过的勤奋。

因为这是"手工品"，没有办法用复印机，只能自己想、自己画。

我每次画新闻漫画的时候，先是思考，等到想好了，去画的时候就是一种享受了，一种让人放松的享受。人家放松是抽烟、喝酒、聊天、泡吧，而我是画画。

我画新闻漫画的时间很固定，几乎都在晚上10点以后，一般画这样的一幅新闻漫画一个多小时吧。我几乎雷打不动12点结束创作去睡觉。

别人觉得我一年画100多幅太不可思议了！可我觉得这个数量算偷懒了。如果真心坚持思考、坚持画，我觉得我一年画365幅也可以。一件你热爱的事，习惯成自然以后，不会感觉到累。这也是生活的经验。

印象深刻的作品是有一幅新闻漫画后来获得了浙江新闻奖。

2005年11月，上海有一个雕塑家，他创作了一件雕塑作品，让跪在岳坟的秦桧站起来了。这个雕塑在上海一展出，抗议声可谓此起彼伏。岳庙所在的杭州，市民的愤怒更是强烈。

秦桧的所作所为，世人皆知。我们的艺术家为了吸引眼球，竟然可以做一尊雕塑，让秦桧站在上面。我认为这是一个破了底线的行为和事件，这是一个艺术家的灵魂跪下了。我就画了一张漫画，由编辑配文后发在《浙江工人日报》上。

我记得这幅漫画，40分钟就完稿了。漫画标题是《秦桧"站"了，雕塑家"跪"了》，画面构图比较简洁，但很震撼，在当时引起了很大轰动。

采访组：在我们看来您会写新闻，会画新闻，会评新闻，跨界多种媒体平台，您本人就像一个融媒体，堪称是媒体达人。但您曾经拒绝过《奇葩说》，也拒绝过抖音的邀约，您如何看待现在的新媒体？

俞柏鸿：这是我自己最深刻反思的一点，也是最自嘲的地方。

《奇葩说》刚开始筹备的时候就请了我，我一听是在网上播，就不干。其实我当时对互联网媒体也不了解，那时候我认为传统电视媒体才是正统的，才是严肃的、正当的。

抖音当时也让我入驻，但当时我觉得在做电视节目了，不是很在意小视频

录制浙江电视台栏目《淘课堂》

这种类型。想不到的是，现在那么多媒体都去"拥抱"抖音，还有现在的一些网络媒体，它们的受众人数已经超过了传统媒体。

当然，我的习惯是不断地反思、思考，所以我的纠错能力比较强。我发现网络传播变得非常重要，而像我们这样的新闻从业者，比一般人更有优势，这种优势可能会让我在这种平台游刃有余。

所以后来咪咕邀请我做几期脱口秀的节目，我立刻答应了。事实上，在这类平台做节目比电视还要简单，用光简单，舞台简单，讲的也简单。我问他们有没有提纲本子，他们说没有。我觉得太好了，我就喜欢这样。节目里，有人跟你辩论，现场观众也跟你辩论，我觉得很好玩。播出后效果还挺好，点击率、播放率也很高。

抖音也是，后来我自己去开了个抖音号。到现在为止应该有两年了，粉丝不算多，才 12.3 万，但我蛮开心。

为什么呢？因为，虽然我只有 10 多万的粉丝，但是我的这个播放量不低——我记得昨天的这条 40 万，前两天的一条是 139 万。之前还有 600 多万次播放的，这不是和一个电视台节目的播放量差不多嘛！我觉得这个事情很有趣，也很公平。

现在我连快手也玩。有很多人来找我，要和我合作，包装我。我拒绝了。我做这个不图什么，就是玩。我看有一些人的账号，后面逐步会有经营（带货），我说我不经营（带货）。我就慢慢做我喜欢的事情，结果是我很开心。

现在，我认为一定要和年轻人有一点共同语言，所以自媒体也好，融媒体也好，互联网也好，我都去玩。

互联网时代一定有我们的用武之地。作为传统媒体人，我们三观正，这是我们非常大的优势。我们对这个行业的积累都在，我始终认为万变不离其宗。有了这些积累，再去拥抱新媒体，你只要找到那个窍门，那个点被突破了，做起来就简单了。

我现在做抖音视频已经有自己的一些体会了，其实做抖音视频很简单，比

在浙江展览馆担任志愿者向小学生讲解冬奥漫画

录制央视3套栏目《喜上加喜》

电视还简单。我自己录，想说就说。而且短视频一般都在两分钟之内效果是最好的，这对我来说更简单了，电视评论一般都要三四分钟呢。

小视频的套路我也发现了，就是要把最重要的话或我最想说的那句话放在最前面。我经常去后台看数据，看全部看完的用户有多少，看到50%的有多少，看到30%的有多少。我很早就发现看到30%的人最多，看完的可能就10%左右，看到一半的在30%左右。这样我就明白了，因为现在人的时间都是碎片化的，必须让大家第一时间感受到我的立场态度观点，前面30秒决定了他们会不会继续看下去。

有人问我，为什么我的抖音粉丝只有10多万。我心里清楚，这就是性格决定的，我不愿意去说奉承的话，不愿意人云亦云地说好话。我做自媒体有一个前提，绝对不搞商业运作。也经常有人跟我联系，留言说能不能商务合作，我绝对不干。

话说回来，到现在我的主业还是做电视节目。人都有一种习惯，我最喜欢的还是电视评论，这也是情感上的一种牵绊，毕竟电视是我转型过程中帮过我的媒体。

采访组：您曾经说"做自己喜欢的事情是本能，然后把自己喜欢的事情做到极致，那是本事"。关于媒体工作您可以跟我们谈谈什么是您心中的极致吗？

俞柏鸿：这一点你们了解得很细，非常感谢。

这句话我说过，但这个极致我认为自己还远远没到，但是我一直在追求这个目标。

我认为我已经到了第一阶段如鱼得水，第二阶段是游刃有余，这个我还没达到。

而极致是一个怎样的状态呢。打个比方，电话采访也好，直播也好，对方现场丢一个题给我，我要能够在瞬间，最多10秒之内，就能够切入正题，并有完整的观点和严谨的逻辑，这就是极致。这是我认为的，做电视等视频类评论

录制浙江影视娱乐频道栏目《本塘第一剧》

节目的极致。

　　如果是文字评论，那么就是一个人提出的观点一定会让全社会产生共鸣，甚至引起震动，那就是极致。

　　我想任何东西都有它的极致。人生很短暂，但这个极致一定是厚积薄发才能达到的。我坚信一句话，老天爷一定会奖赏全身心投入的那个人。

　　人很难达到极致，更多是在不断成熟的过程当中；成熟不等于极致，这绝对是两码事情。

采访组：从《浙江工人日报》的监督报道到电视新闻评论，再到新闻漫画，能说说您心中的记者是怎样的吗？

俞柏鸿：我认为记者是很神圣的。

邵飘萍先生对记者这个职业留下了他的金句："铁肩担道义，辣手著文章。"在新时代，我认为记者除了要做到这一点外，还要有坚守，对这个职业的坚守。坚守的内涵又包括对这个职业的热爱和责任、担当。无论是在什么样的媒体环境和形势中，不管是温暖如春的时候，还是进入隆冬的时候，坚守的那个人，一定会有收获。

再有，就是良心，做记者一定要有良心。报道新闻的时候，如果你有责任担当，你的新闻在表达上我认为一定是有温度的，是正义的。但如果你把这个职业当作一种权力，就很有可能会走偏。这一点无论是年轻记者或有资历的记者，都要注意。

最后，也是最重要的一点，就是爱国。

一个记者，如果连爱国这一点都没有了，那他做的新闻我认为可能会是有害的，会误导别人的。

在爱国的前提下做批评报道、问题报道的时候，我认为不但对社会有帮助，而且会促使批评对象去改进。因为他看到了你的温度，你的善良。如果他认为你就是在骂街，感觉就完全不一样了。

有人说我以前做电视节目的时候经常骂人，我说你们搞错了，我那个叫点评犀利不叫骂人。我从不骂人，这是我的教养；但是犀利，是我作为记者的责任。

至于我为什么把坚守放在第一位，那是因为现在确实有很多年轻人开始迷茫：大学要不要去学新闻专业？

我认为，在中国我们的新闻、记者都不存在有什么朝阳、夕阳（时期），永远是社会的重要组成部分。你学了以后就是自己的本事。

叶峰：三十功名尘与土，我心依旧向明月

采 访 组：毛珮瑶、曹涵琦、赵玥、岑琛柯、郭嘉

采访时间：2022 年 5 月 27 日

采访地点：浙大城市学院行政楼

　　叶峰，1958 年生，原浙江广播电视集团民生资讯广播记者、主持人。1984 年开始从事新闻工作，他主持的新闻栏目曾获"中国新闻名专栏"称号，新闻作品先后 3 次获得中国新闻奖，10 多次获得浙江新闻奖和浙江省广播电视新闻奖一等奖。

　　叶峰以其敏捷的思维，深厚的新闻素养，情感真挚、言辞犀利的主持风格，受到广大听众的喜爱。他对包括教育工作在内的众多社会热点问题有长期的关注和思考，对社会现象的舆论引导、舆情处置和媒体意识的培养有独到的见解。

采访组： 叶老师您好，非常高兴能够采访您，请先简要介绍一下您的工作经历。

叶　峰： 我的工作经历很简单：先当兵3年，从事新闻工作之前在一个事业单位工作4年；1984年开始参加新闻工作，一直到2019年2月退休，从事新闻工作正好35年。

采访组： 是什么契机使您成为一名新闻工作者？

叶　峰： 当记者是我从小的梦想。在去当兵的前一天晚上，我和我的一个发小在杭州西湖边聊职业梦想。当时我17岁，和自己的发小讲：我有三个梦想，第一当兵，第二当警察，第三当记者。

说完第二天我就去当兵穿上军装了，当记者的梦想后来也实现了。记者这个职业也让我和警察建立了密切的联系。所以命运对我还是很眷顾的，在我年过花甲之时，17岁时的梦想几乎都已实现了，我没有什么遗憾了。

采访组： 您觉得这三种职业有什么相通之处吗？

叶　峰： 17岁的人不可能把人生考虑得非常周全，直到后来我才渐渐意识到这三者的共同点：奉献，包括牺牲。我在部队的时候曾经面临过要不要上战场的选择题，当时所有人包括我自己都写过血书，虽然最终没有选上我，但我是做好了上战场的思想准备的。1978年5月2日我拍了一张单人照，穿着65式军装，当时每个战士都会去拍这样一张照片。我经常开玩笑说，这张照片是为做烈士准备的。

当警察更不用说了，和平年代牺牲最多的就是警察。如果你们了解了公安各个警种的工作，就会对"奉献"这个词有更直接的感受。

或许很多人会问记者又奉献了什么，关于这一点我是参加新闻工作多年之后才领悟到的。记者的奉献在于：在世界和国家的重大历史进程中、当各种突发事件降临时，乃至于面对社会生活的方方面面、点点滴滴时，记者都会在第一线

叶峰18岁的青春

通过自己的话筒、镜头、文字去见证、记录并传播，为社会进步鼓与呼、为公平正义呐喊。在这个过程中，吃苦受累是常事，加班加点更寻常，有的记者甚至不惜以自己的鲜血和生命去维护这份职业的使命和荣耀。这当然也是奉献！

其实任何一项职业，工农兵学商、环卫工人、贩夫走卒，包括抗疫期间的一线医务工作者、社区干部、志愿者，只要你想要做好，都需要具备奉献精神。

采访组：军旅生涯对您后来的新闻工作有影响吗？

叶　峰：这个问题我夫人曾经问过我。她说：你当兵不到 5 年，当记者 35 年，哪一个对你影响最深？哪一个决定了你的性格？哪一个决定了你的走向？

我没有一秒钟犹豫，回答：就是军人。

我觉得军队给了我坚定的意志和一往无前的勇气。

参军前我在老家跟我奶奶相依为命。我奶奶是烈属，她有一个儿子在解放战争中牺牲了，所以当我要去当兵的时候，奶奶坚决反对，用奶奶的话讲："我

叶峰被评为"见义勇为"先进个人

保存在故乡档案馆的这块牌匾，记载着叶峰父辈的奋斗和牺牲

已经贡献了一个儿子，不愿意再贡献孙子了。"

虽然我跟我奶奶感情非常深，但当我面对是否去当兵的选择时，还是毫不犹豫：去。参军对我来说是血脉传承的情感，我的父辈当中有 4 人参军，都是跟着中国共产党干革命，我这一辈中是我，到我们的下一代，我还是鼓励一个孩子去当兵。我的小侄子当年从学军中学毕业，他问我大学报什么专业，我就跟他开玩笑，我说学军中学毕业不学军干什么？

我觉得部队的这一段经历给我留下的东西是非常深刻的。

军人是我人生历程的起点，记者是我这一辈子的职业生涯。人生历程起点是非常重要的，这是一个人世界观形成的时候，在我的起点，我接受的是军人的教育，它塑造了我的信念、理想、性格以及气质。

记得 2009 年 8 月，浙江广电集团搞了一次很有意思的活动——"主持人训练营"，让整个集团几百个主持人到某个部队去参加军训。我当时已经年过半百了，部队的首长劝我不用参加了，我说我还是想试试。

军训的时候，我们在烈日下站军姿，陆续倒下了四五个主持人，但我顺利完成；400 米接力障碍跑，我也在自己的路段中跑出了较好的成绩。

在训练营最后的评选中，我获得了"最具军人风范奖"，这让我开心了好几天。

人生的道路不可能一帆风顺，当我们遇到挫折的时候，遇到困难的时候，能不能够坚守？能不能够继续奋进？从我个人角度讲，我觉得军队给了我百折不挠的坚韧。当下有一句很流行的话："卷又卷不赢，躺又躺不平。"在我看来，这样的人生太无聊了，不是我的追求。

采访组：回顾 35 年的记者生涯，您印象最深的一件事是什么？

叶　峰：我觉得没有。

采访组：是因为找不出"最"吗？

叶　峰：不，我觉得它就是一份很平凡的工作，是一份职业。因为我喜欢当记者，后来我的同事也对我有过差不多的评价：叶峰是真喜欢。你想，一个人干着自己喜欢的事，还可以拿钱，多幸福。

当记者肯定会有很多故事，而这些故事各有侧重，我对它们各有自己的感悟，说重要都重要，没有比较轻重。

不过有一件事情我一直记得。2009 年，我到浙江省对口援建的四川省青川县采访。在浙江大学为当地援建的地震博物馆前，看到一个老太太在捡垃圾，我就坐下来跟她聊天，她说全家就剩她一个人了。告别之时，我把身上带的所有钱都给了她，她拿出一个很破旧很小的本子递给我，要我把名字和单位写下来，我当然没有写。

后来我们做了一系列报道。也因为刚去的时候，我看到那里因山体滑坡而裸露的黄土上，隐隐约约有绿草从土里钻出来，心里就定下以这个场景作为这个系列报道的主题："绿色的希望"。即便人们遭受了这么大一场灾难，但还是如绿草破土萌发一般，是存有希望的。

系列报道内容涉及当地老百姓的灾后状况，浙江援建的学校情况，以及孩子们读书的状况，大概有十几篇。从新闻工作的角度来讲，记者见证了这么大的一场灾难，不仅用文字反映大自然突发灾难的强大破坏力，更用文字反映人

2009年叶峰采访在"5·12"汶川特大地震中幸存的四川儿童

们在大灾难中的精神面貌，反映一个民族的精神，这种报道经历是令人难忘的。

我觉得人过这一辈子，就是在平平淡淡中去感悟人生，不一定非要有什么惊天动地的伟业。有很多采访，写了但发表不出去，或者说自己决定放弃发表。看似做了无用功，其实也很有意义，说不出哪一方面更重要一些，我觉得都重要，它们都对我的职业生涯有利，都有积累、有感悟，会影响我后面的人生态度、工作态度、生活态度。

所以我说，很难去评价哪一个采访最重要，或者哪一件事情很重要。

采访组：在 35 年记者生涯中，您有没有沮丧的时刻？

叶　峰：当然有，我在工作上遇到过挫折，也遇到过不公平的对待，会因此有一些沮丧，但我没有做过激的事情，也从未因此消沉。现在往回看，很多事情后来还是有转机的。所以我常说，当你遇到不公正对待的时候，不要天天觉得自己很可怜，也不要天天愤懑不平。只要有自己的坚守，社会自有公论。

我认识一些从战场上回来的人，他们有的受伤残疾、有的立功受奖，但他们都说"我不是英雄"。

我认识一位上过前线的女兵，她曾经在枪林弹雨中抬过伤员和烈士，退伍后兢兢业业地在单位图书馆当了一辈子的管理员，很多人根本不知道她上过战场。她曾跟我说："我当时在战场上想，如果能活着回到杭州，就足够幸运了。"

所以我很早以前就把名利看淡了，面对不公，当然会沮丧，但都不值得一提。

我从事新闻工作 35 年，拿过很多奖项。2019 年 2 月 1 日我离开话筒的时候，引用"三十功名尘与土"这句话作为结束。功名利禄尚且都是过往云烟，小小的挫折坎坷算什么？

正确地面对你所取得的成绩和你所遇到的困难，这也是人生的历练。

采访组：您所在的栏目《浙江第一线》获得了"中国新闻名专栏"奖。通过主持这个栏目，您最大的收获和经验是什么？

叶　峰：我觉得还是那句话：新闻要接地气，以人民为中心，为人民服务，要有坚定的政治立场。新闻工作是有立场的，不是有闻必录。无论是党的宗旨，还是政府工作的目标，都是为人民服务，而媒体传播的受众也是广大的普通百姓，所以为普通百姓服务的新闻就是要接地气。

我记得《浙江第一线》和《民生新干线》的宣告词都是：关注社会，关注政府，关注百姓。当新闻关注这三个方面的时候，其格局就站得很高。凡事皆有道，凡事皆有术，新闻工作也有道术之分。何为道？方向、法则、大局观。术是什么？谋略、实践和战术。你做任何一项职业都是一样的。

昨天，中国美院的一位书法家给我写了两幅字，一幅"话说天下事峰言峰语"，另一幅"浙江第一线披坚执锐"，恰好把我在广播和电视平台主持过的两个栏目都嵌在里头了。

我没有你们那么幸运，我没有读过正规大学，高中还没毕业就去当兵了。我读的是电大，也没有像很多同志那样去读专升本、本升硕……我更没有专门学过播音主持。

像我这样一个人，长相如此"谦虚"，语音如此不正，声音如此嘶哑，我能成为一个不那么平庸的新闻记者和主持人，凭什么？我想很重要的一点恐怕就是我有接地气的新闻内容、观点和思想。

当你是一名新闻工作者的时候，你的情怀是什么？是为了卖弄自己，让自己有很高的知名度，以后去挣钱、写书、扬名立万？我不是。我是浙江余姚人，余姚有河姆渡文化，但是现在谁还记得河姆渡时期的首领是谁？所以在历史长河中，不要把自己看得很重要。你只要为老百姓做事，他们就会记得你，不管你认不认识他们，或者有没有见过面，他们都会想起你，想起你做过的事。

我觉得在新闻工作当中，做记者的要有忧国忧民之心，要有悲天悯人之情。要当个好记者，这是基本素养。

叶峰（左二）走家串户听民声

我刚才讲过，有好多事情我是做了无用功的，比如我做了大量的采访，但是最终新闻没有发出来，还有的时候我本来就不准备发稿，但还是去做了采访，这也是我的价值判断。退休以后，我经常参加社会活动，通过调研，向相关部门和领导反映情况。做这些事情大多没有"薪酬"，也不能公开，但我仍乐此不疲，因为这是记者这个职业赋予我的社会责任感。

采访组：对记者而言，如何理解"忧国忧民之心，悲天悯人之情"？

叶　峰：忧国忧民之心，是对国家民族命运的情怀之内化，是新闻为党和人民服务的信念；悲天悯人之情，是指正直善良的品性和秉公帮弱的意愿。

2010年8月2日，我在主持节目的时候，一个常驻交警处的联络员记者在连线插播路况时说，复兴大桥由南向北非常拥堵，因为桥顶上有一个人趴在上面要跳下去。然后她说："这个人真过分，那么多人上班都被她耽搁了。"

当时，这名记者坐在交警指挥室看着视频，也不知道具体情况，她的第一感觉就是这个人给大家添堵了。而我所关注的是：现场情况怎么样？有没有危险？有没有救援力量？有没有人在处理这件事情？

下了节目之后，我马上赶去现场，几位在场的警察告诉我，他们上去过几次，但是都被当事人赶下来了。得到警察的同意后，我在两位消防员的帮助下登上桥顶，那一年我已年过半百。

在我登上桥顶，走到距离那个人约20米的地方的时候，她看到我了。她站在桥拱的顶端，情绪很激动。我立刻表明自己记者的身份，和她聊起来。她向我诉说她的不幸，我开导她应该怎么合法合情合理地去解决问题。

8月的复兴大桥顶上温度高达40多摄氏度，我们就这样隔着20多米的距离谈了大概一个半小时。后来她晕倒了，瘫在桥拱顶上，那两个一直躲在我身后的消防员立刻冲上去，把她扛了下来。

我认为，记者在面对一件件"小事"的时候，要看到它的意义所在。我不敢说我推动了社会的公平正义，但是做记者一定要能想到：一名记者若对不公平的事情视而不见、无所作为，就会引发当事人对党和政府的不满和对社会的失望。所以，做记者一定要有这个意识：记者的政治立场就是新闻为党和人民服务。

既然新闻工作有这样的使命，那就没有名利之说。我想这应该算是忧国忧民之心。

我这样说，并不是说人不应该有私心，这是一个小我与大家的关系，你我是小的，广大人民群众是大的，我觉得新闻工作真的需要有奉献精神。

大部分职业在做的都是一些平凡的事情，医生给病人看好病，用心也是在一言一语、一个处方之中，一个医生的职业生涯如果长达几十年，他真的记不得自己有几个病人，但病人会感受到医生的用心。所以我觉得作为新闻工作者，你需要有高尚的人格、优良的品质、精湛的技能，但是你不要过高估计自己的作用，我觉得这一点是非常重要的。

我觉得现在的年轻人如果要从事新闻工作，应该把这个职业想得艰难一些，把自己的标准定得高一些。

采访组：您曾被评为浙江广电集团的"六大名嘴"之一，外界对您的评价是个性鲜明、风格麻辣。您会担心自己因为犀利的评论而惹人不快吗？

叶　峰：有人曾跟我讲：你这些话如果到某某地方去说的话，说不定人家就派杀手来把你给干掉了。朗朗乾坤，社会治安那么好，我不担心。

我们整个社会，特别是浙江，舆论环境还是非常优渥的。我不用"宽松"而用"优渥"来形容，因为"优渥"是需要有选择的，什么话可以说、什么话不能说，是有一条底线的，同时有了错还要及时道歉和纠正。

曾经有一年，一位市政协委员提了一个建议，说应该取消老年人在早高峰期间免费乘坐公交车的政策。我把这件事情拿到节目里展开讨论，引发了热议。不少听众认为：政协委员应该从事关国计民生的实际出发，提出一些实实在在的意见、建议，不要语不惊人死不休。有听众说，老年人早上坐公交车，大多是出去锻炼身体或帮助家里买菜，这也是为孩子减轻负担的行为，老人们年轻时也为社会、为国家做了贡献，不能因为他们退休了就取消体现关爱老人的政策。这些观点也使我产生了共鸣。

在主持过程中，我突然想到这位提出建议的委员是某个政府部门的领导，而这个部门当时的工作，也存在着一些让老百姓不满意的地方，由于考虑不周，我随即对这位委员所在单位的工作状况提出了质疑和批评，没想到讲完这番话以后，有个听众就打电话进来了，说："叶老师，我一直非常喜欢你的节目，但是你刚才的那番话说得不对。我们今天讨论的是委员提案的合理性和可行性。但是你却偏离了主题，这是不公平的。"

我立刻意识到了自己的过失，这位听众的批评是正确的。我们广播直播室有一个延时器，听众通过收音机听到的声音会比主持人听到的声音晚 6 秒，所以当时我只要一拍按钮，刚刚我听到的那 6 秒钟批评的声音其他听众就听不到了。但我没有这样简单处理，而是让他讲完，同时也做出了必须道歉的决定。

于是，我就在节目里说："有位听众打电话进来，对我们今天的节目提出了意见和批评，我认为他的批评是对的。我们今天讨论的是这位委员意见建议的可行性和合理性，这与他所在单位存在的问题及工作状况没有必然的逻辑关联。我在此向这位听众表示感谢，向这位政协委员表示道歉，也向我们所有的听众表示道歉。"

我们每个人都不是神仙，都有可能犯错误。犯了错误以后，我们怎么办？错了就认错。当时这番话播出之后，我的电脑屏幕上就显示出一溜的赞扬，听众认为我的道歉很真诚、很坦荡。

所以我刚才讲我们的舆论环境是非常"优渥"的，而不是"宽松"的。我不用"宽松"这个词，因为这个词很不精准。如果你说得不对，当然会有人来批评你、纠正你。

我曾经讲过一句话，我最自豪的一件事情不是拿了多少所谓的奖项，而是在 35 年的新闻工作历程中，我没有一起被查实的失实报道，没有一次政治责任事故。

当然这很难，有记者经常被告，我也被告过，但是后来人家撤诉了。也曾经有人向上级领导反映我报道不实，但经过上级部门的调查，确认我不存在报道不实的问题。

我认为，正确的舆论监督是必要的，但要与人为善。只要批评是出于公心，言辞犀利一点也可以。但是记者面对公众做报道或评论的时候要注意，不要让被批评的对象只听到批评，感受不到善意。这既是一种立场的平衡，也是一种正确的方法，更是社会责任的担当。

比如我的众多徒弟们，大多被我批评过、骂过，有时我的严厉批评甚至会让他们掉眼泪，但我的本意是希望他们能有长进，而且我也会找一些机会去表达对他们的爱，他们也都感受得到。

退休前，我主持的节目时间都是在早晨。我有个习惯，节目做完后所有记者都要到我的办公室开早餐会，一边吃饭一边布置工作，同时有什么困难也在

叶峰为交通管理提建议

这个场合讲出来、解决掉。吃完早饭就马上工作，各自去做自己的事情。

我退休当天也是这样。前一天晚上我把办公室整理干净，在办公室待了一整夜。第二天早上做完节目，记者们还是按照老习惯，把早饭买好来到我的办公室，我也没有特意说"你们以后好好干"之类的告别语，只是照常安排当天的工作，大家明确没有问题了，会议就结束，我背着双肩包就走了。我还在我们频道的群里留了一句话，"今天我离场"，然后退出群。从办公室走到电梯口的时候，我们频道的许多小青年就站在那送别我，这让我很是感动，泪水盈眶。

我觉得，走就走得干干净净，不要以为这个世界离开你就不行了。既然我所做的一切不是为了名利，那么做得好与不好，都是自己的本分，是在走自己的人生道路。没有必要纠结于我对社会做了多少贡献，有多少失意、不公平的地方，这些统统都过去了，但是做人不能丢。

退休以后，我在朋友圈里，还经常就一些社会问题及时展开评论，我的说法叫"朋友圈问政"，这个效果奇好。但凡我在朋友圈把某个问题点出来以后，所属相关部门和相关领导，最快几分钟，最迟不超过一个小时就会做出回复。

大家都知道我眼光很敏锐、批评很严厉，但他们也认可我很有善意，这就是我刚才说到的出于善意的犀利批评。

不客气地说，现在我们有的媒体人是有个人利益盘算的，但我问心无愧。只要不为自己私利去利用职业权力，就会做得相对轻松一点，所以不要担心别人打击报复。

采访组：35 年职业生涯中您所做采访无数，能和我们分享您的采访经验吗？

叶 峰：2017 年是中国人民解放军建军 90 周年，我策划了特别系列节目《聆听老兵》。前期采访了十位老兵，有八路军老战士、有战斗英雄、有残疾军人、有创业有成的退伍军人。其中一位叫杨启良，他参加过对越自卫反击战，并荣立一等功，随军记者曾在战场上为他拍过一张照片，照片里他身背二瓦电台，身上挂满手榴弹，往弹夹里压着子弹，神情严峻、目光坚定。转业后，他在台州工作。

"聆听老兵"传精神，不忘本色守初心

我原以为他会很配合我的采访，但没想到却碰了一个软钉子。我在约定的采访点等了两个多小时才见到杨启良，见面后他表现得不温不热，说没什么好谈的。我转眼看到他桌前的烟灰缸，于是我也拿出烟来和他聊起了当兵人的情结。我说你是一军的，我是十二军的，你们上前线的时候我已经离开部队了，但是我原先所在的老部队是跟你们一起上前线的，在一个战场上的两个山头。建军90周年，对我们当过兵的人来说，是一个非常重要的日子。

一样的军人情结，让我与杨启良有了共鸣，也打开了他的话匣子，我就这样很顺利地完成了对他的采访。采访结束以后，他邀我一起吃饭，我也爽快地答应了。吃完饭，杨启良又邀我去他家里，我发现他把自己的一等功奖章和写有"人民英雄"字样的牌匾都压在箱子底下，没有挂在外面。

这就是一个军人、一个战斗英雄的境界！他尘封了过去的辉煌，做着平凡而琐碎的工作。

这次采访，又一次证明了一个道理：记者的采访，要善于在闲聊当中，去触碰采访对象的神经，去了解他的思路，引发共鸣和共情，这是一名优秀记者必须具备的能力。采访，绝不是问完事先设好的题目就好，还要学会随机应变，从他的话语中去发现新的话题。而且，记者要有共情能力，你要和采访对象有情感上的交流，让他认可你。永远不要把采访只当作一个应卯的任务，而应该把每一次采访当作提升自己境界情操、能力水平的一个机会。

采访组： 您除了做记者，还会参与一些地方性法规、政策标准的起草、修订和讨论的工作，也会参加一些"公诉民评"的问政活动，担任省和杭州市多个部门的行风监督员、见义勇为基金会的理事、食品安全监督协会理事等社会性职务，您觉得记者参与这些社会活动的作用是什么？

叶　峰： 这是记者的本分。

首先我觉得从政府的角度来讲，听取新闻工作者的意见，可以让政府部门拓展视野，听到更多来自基层的声音和社会意见，提高政府决策的科学性。

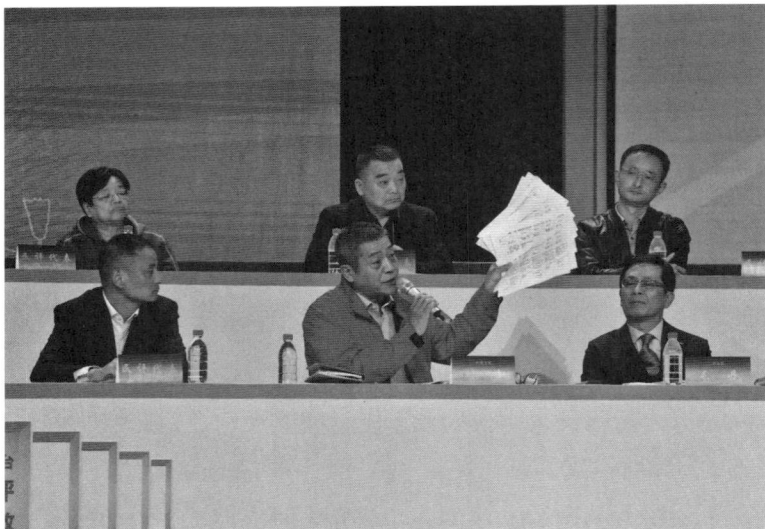

叶峰在杭州"公诉民评"问政活动中发问

有一个经典的事例。2017 年清明节的时候，整个杭州西湖周边的马路都被互联网租赁自行车（即共享单车）给占据了，不要说机动车，就连行人步行都受到了共享单车的阻碍，从而引起了杭州市民和外地游客的强烈不满。

于是，杭州市紧急出台了五一节期间临时管理办法，在西湖周边设立了禁放区、禁停区、禁行区，以保障公众利益。规定出来后，形势有了改观，但由于资本的驱动，一些经营者仍把杭州当作捞金福地，不断涌入。最多的时候，杭州有 10 家互联网租赁自行车的经营单位，共享单车总量达到了 40 多万辆，而当时杭州的公共自行车，总量只有 8 万辆。共享单车乱停乱放的现象已严重影响了城市管理和市容市貌。

为此，杭州市开始研究长效治理的方案。我也应邀参与了《关于杭州市促进互联网租赁自行车规范发展的指导意见（试行）》酝酿和起草。随后，国家交通运输部出台了《关于鼓励和规范互联网租赁自行车发展的指导意见》这一文件。杭州市交通局推出的指导意见中没有"鼓励和"这三个字，因为杭州当时的情况，互联网租赁自行车实际上已经不需要鼓励，首要任务是规范。所以我个人认为，虽然少了三个字，但这个文件是切合杭州实际情况的。

再比如说，杭州市在落实医院药品不加价的医疗改革时，市领导专门召集一些记者开座谈会，讨论怎么向社会做好宣传，当时初定的角度是"老百姓看病便宜了"。钱江晚报一位跑了20多年卫生线的老记者谷伊宁在会上发言时说，这次改革除去了医院作为药品"二道贩子"的驱动心，对那些只买药不用检查的慢性病病人来说确实有看病便宜的效果，但是对于一般的病人来说，药品的价格下去了，但检查费用提升了，所以光讲"老百姓看病便宜了"的说法并不准确。

谷伊宁建议用"这次改革让医院的医疗服务价格趋于合理"的表述，虽然复杂一点，但是它更精准。也就是说医生的技术、设备的使用等都要算在成本里头，成为医院的合理利润。

当时在场的一位市领导说："我们听到了一些真知灼见，也促进了政府的工作。"

我觉得，自己介入这些社会工作，可以有更多的渠道去发挥作用，去维护社会的公平正义和运行秩序；可以帮助群众解决一些实际问题，也可以让政府部门了解更多的民心民声。

我经常问自己：一个新闻工作者的归宿是什么？尤其像我这样已经离场的记者，应该干什么？我后来琢磨出了两个任务：一是新闻评论员，积累了一辈子新闻工作的财富，对很多问题的认知会比一般人更全面，所做的评论也会更加深刻、更加生动；二是社会活动家，借助职业生涯中积累的经验和人脉，去做很多社会工作的参与者。我觉得这两个使命不会也不应该因为退休而终止。

人们都在讲追求人生价值，那么，一名记者的价值在哪里？我认为就是促进社会进步，让老百姓更有幸福感和获得感。政府需要通过不同的触角去了解民情、听取民声、知晓民意、汇集民智、顺应民心，而我又恰恰是一个有兴趣去做这些工作的人。我有条件、有能力发挥一个老新闻工作者的作用，为社会做一些力所能及的工作，为什么不去做呢?

采访组：很多人都说您是有英雄情结的人，您认为英雄是怎样的人？

叶　峰：在我看来，英雄分两类：第一类是那些为了我们国家和人民献身的烈士，第二类是那些在平凡岗位上创造出精彩的人。我讲一个人，嫦娥一号的总指挥、总设计师，中国科学院院士，也是 2019 年获得"人民科学家"国家荣誉称号的院士叶培建。

他曾经讲过一个故事：某颗卫星上天以后，他坐车从发射基地回省城，在路上突然接到一个消息：这颗卫星失控了。有那么一刹那，他希望车摔到山底下，自己去当烈士，他说自己无法活着接受卫星失控的结果。后来他让自己冷静下来，他紧急遥控指挥相关部门，弄清了出问题的环节，然后再采取有效方案予以处理，最后卫星恢复了正常姿态，他也如释重负。

这位年近八旬的总指挥既是著名的科学家，也是一个平常人，一个很和蔼可亲的老人，他现在经常会去菜场买菜，为孩子们做饭。他当然是英雄。

叶峰（左一）带后代一起向"人民科学家"叶培建（左二）致敬

还有一类英雄就在我们身边，比如杭州市公共交通集团有限公司的司机孔胜东，他是全国劳模，他哥哥是我的战友，我从部队回来的时候，他家还住在中山中路上。20 世纪 80 年代初，我就见他在自己家门口摆修车摊，免费为大家修自行车，现在他搬家了，但免费修车摊还摆着。40 多年了，孔胜东把这样一件小事情做到极致，谁说他不是英雄？

英雄也许很普通，每个人对英雄的认知和理解也是不一样的。杭州有平民英雄的评选，这个英雄不一定非要像董存瑞、黄继光这样，但是英雄各有自己英雄之举。你们当中也有可能会出英雄，真的是难说。所以我觉得英雄或许只是一个平凡的人。用总书记的话讲："伟大出自平凡，平凡造就伟大。"

采访组：您觉得自己是英雄吗？

叶　峰：我真的不是英雄，我最多只能算是一个不那么平庸的新闻工作者。这是我对自己恰如其分的评价，没有任何自谦，就是不那么平庸的一名新闻老兵。

采访组：自媒体时代，人人都有麦克风。作为传统媒体的一个执麦人，您如何看待这样的变化？

叶　峰：我退休以前就思考过这个问题，也有自己的想法，我们可以先分析一下传统媒体和自媒体的特点和差异。

自媒体的特点是速度快、体态轻、语言活。传统媒体的特点是有权威性、公信力和专业性。

先说"速度快"，据全国记协公布的数据，截至 2021 年底，持有记者证的人数为 19 万多，比 2017 年少了好几万人。但是就算把这 19 万多人在全国各地撒开，能占多少面积？你又怎么知道哪个地方会发生什么事？而自媒体时代大部分人都有智能手机，人人都可以记录并发布身边的新闻事件，这种情况下，传统媒体就没有办法也没有必要去拼速度。

再说"体态轻",对传统媒体而言,就要具体情况具体分析了。我曾经做过一个录音报道,采访的录音素材长达四个半小时,最后做出来的稿子只有1分39秒,而且获得了全省短新闻比赛一等奖。新闻讲的是一个地方发大水导致两个村庄被淹没,但是因为村党支部和党员提前预警,一家一户地帮助群众疏散,最后没有一个人在这场灾难中丧生。我们做新闻,能短则短,4个多小时的素材就做了1分39秒的稿子。但如果内容需要长的时候就必须要长,比如说我们解读重大政策,分析新闻背景,三两句话肯定讲不好,在这个时候就一定要讲清楚,新闻就不得不长。

关于"语言活",我历来认为,语言也有格调高低、品位雅俗的区别,现在某些自媒体常用一个字母代替一个文字的"新兴语言"就有很多弊端。我们新闻工作者一直有一项重要的职责:推广普通话和规范语言使用。这个是我们的职业职责啊,所以我觉得"语言活"也要有一个度。

站在传统媒体的立场,我们不必妄自菲薄,而要兼收并蓄、扬长避短。当网上各种小道消息满天飞的时候,社会的第一反应是不知道其真伪,但当新华社、中央广播电视总台、人民日报这些主流的传统媒体报道之后,真实性就坐实了,这就是传统媒体的权威性所在。这是我们媒体的性质所决定的,也是传统媒体的历史积累确立下来的。我们的传统媒体是党中央和各级党委政府的喉舌,这是它的权威性。

传统媒体的公信力,来自传统媒体对事件基本事实的认定;来自正确的观点引领,对法律法规、政策的分析解读,老百姓是信服的。公信力也是传统媒体历代前辈呕心沥血,一代接一代做出来的。

值得警惕的是,现在有些传统媒体为了一点蝇头小利失去操守,做有偿新闻、卖假药,沉溺于挣钱经营,耗损了公信力,这是得不偿失的。

当然,还有我们的专业性,比如你们都要经过4年的专业学习,还有业界前辈带着你们学习,但是大多数自媒体人没有这样的一个历练,他们更多是从朴素的直觉出发,或者仅仅站在自己的视角来快速传播某件事情。传统媒体的从业人员完全可以用自己的深度与自媒体的速度去比拼，传统媒体在新闻的深度挖掘和新闻评论上一定是大有可为、大有作为的。

当我们对自媒体和传统媒体的特点进行分析之后，我觉得传统媒体不要、也不必和自媒体盲目地拼速度，也不用完全依样画葫芦地去学他们的用词用句。传统媒体要和新媒体融合发展，并不是缴枪投降，而是要找准定位、取长补短，为我所用。我觉得这是一个基本的态度。

采访组：面对这些变化，您对我们这些后辈新闻从业者有什么建议和寄语？

叶　峰：我今天讲了这么长时间，其实是在传导着一种我自己的价值观。作为一个新闻工作者，第一是站稳政治立场。所有的新闻媒体都是有政治属性的，永远不要说新闻无国界、事实无国界、科学无国界，因为科学技术的掌握者是有政治属性的，事实的选用和新闻工作者也是有政治属性的。我觉得这是一个非常重要的点。

第二要确立导向意识。一篇文章、一篇报道、一个画面，都会传递出明确或隐晦的导向。江泽民同志曾经讲过，舆论导向正确，是党和人民之福；舆论导向错误，是党和人民之祸。

第三要有社会责任感。社会责任感包含了很多东西，比如要注重传播的社会效果，要注重自己的言行，还有很多东西。比如我前面讲的复兴大桥那件事，如果我考虑自己，顾及到很多，比如，万一我没有说服当事人，她真的跳下去了，我后面要面临什么？我既不是谈判专家，现场也没有人派我上去，或许我不上桥顶她可能还不会跳下去，但是我上去了，如果一句话说得不对，说不定她就跳下去了，或者可能一个失手我自己吊在半空中了……如果这样想来想去，你们说我还会上去吗？一个人的社会价值体现在哪里？我的观点是：不要只考虑自己的利益得失，要有悲天悯人之情。

第四还要有正确的"三观"，做记者是要为社会服务的，而不能利用职业便利博出名、谋私利。

在直播室和校长探讨教育之道

　　政治立场、导向意识、社会责任感、三观认知，在我看来都是属于道的范畴。如果从术的层面来讲，我觉得要注重学习、注重思考，培养自己准确判断的能力。

　　观察、质疑、求证、思辨和表达，恐怕是记者这个职业必备的素养。我经常跟年轻记者讲，记者有一个非常重要的特质，就是你说的我不能全信，我要去求证，或者去证伪，我要用自己的调查，从更多视角去思考辨析，然后得出自己的结论。这就是我所讲的观察、质疑、求证、思辨，最后再是表达。思考的习惯养成了，你就不会人云亦云，容易有自己的独立见解。

　　新闻这个职业伴随了我大半辈子。我曾经讲过，新闻与我形影相随，我对新闻矢志不渝。新闻，已经成为我永远难以割舍的生活内容。今天有机会和我们未来的媒体从业人员有这样的交流机会，感到非常高兴。我想和你们共勉的是：当我们走上一条路以后，就要坚定地相信我能走好，而这样的坚定来自于对自己人生目标的确立！

　　无论你们今后从事什么工作，我希望你们能不断地询问自己：我想做什么？我该做什么？我能做成什么？我还能再做些什么？并且在对这些问题的思考中获得正确的答案。

钱黎明:
我的经历让我变成了"多媒体人士"

采 访 组:吴嘉琇、王淑慧、毛含笑、方芝娴
采访时间:2022 年 6 月 24 日
采访地点:浙大城市学院行政楼

钱黎明,1959 年出生,浙江宁波人,1980 年毕业于杭州大学中文系,1998 年获得新闻高级编辑职称,是当时浙江省新闻界最年轻的新闻正高职称获得者。先后担任过浙江日报新闻采访组组长、浙江联谊报总编辑、浙江广播电视报刊出版总社副社长兼浙江广播电视报[①]总编辑、浙江电视台教育科技频道正处级副总监、浙江广播电视集团旗下新蓝网、中国蓝新闻客户端总编辑。担任的社会职务有:浙江大学传媒与国际文化学院硕士研究生导师、浙江传媒学院硕士研究生导师、浙江省社会主义学院客座教授、浙江省文化发展研究中心特聘研究员、浙江省网络视听节目协会常务副会长、浙江省新媒体专业委员会副主任等。

[①] 《浙江广播电视报》于 1955 年 2 月在浙江杭州创刊,当时的报名为《广播周报》,1968 年 4 月停刊。1979 年 5 月恢复出刊,更名为《广播电视周报》。1989 年 1 月改名为《浙江广播电视报》。2004 年 10 月更名为《浙江城市广播电视报》。

采访组： 钱老师好，非常荣幸能采访您，可以先跟我们介绍一下您的工作经历吗？

钱黎明： 首先感谢同学们今天采访我，正好给了我一次认真回顾职业生涯的机会。

我在新闻行业工龄接近 40 年，可以分三个阶段：第一个阶段是我在报社的经历，大约 25 年；第二个阶段是做电视媒体，4 年多一点；后面的 10 年左右就是做新媒体。在浙江省新闻界，在我这个年龄，像我这样在多种媒体都长时间待过的人不多，我的经历让我成了一个"多媒体人士"。

25 年的纸媒工作经历，最早要从浙江日报说起。20 世纪 80 年代初，我大学毕业后就进了浙江日报，当了一名时政记者。我一直感恩浙江日报的领导和老一辈编辑记者当年对我的培养和带教，使我打下了比较好的业务基础。

我记得刚进报社时，一位老编辑对我说过一句话：当记者最初的三五年是很关键的。我还算争气，当记者的第 3 年就已经能够独立地承担各种急、难、重的报道任务。又过了几年，我当上了新闻采访组组长，成为部门的主要业务骨干之一。在浙江日报的这一段时光，无论是业务磨练还是人生修炼，对我都起到了非常关键的作用。

到 20 世纪 90 年代初，我被组织上选调去联谊报任职。《联谊报》是浙江省面向海内外公开发行的政协统战系统的报纸，创办时间不久。我调过去后，先是担任该报副总编辑，4 年后被省政协党组织任命为总编辑，开始独当一面主持报社工作，那一年我刚好 36 岁。这一段经历主要锻炼了我的领导组织能力。

我在纸媒工作了 20 多年，最后没想到还有机会去做电视节目。2001 年后我进入浙江广播电视集团（简称浙江广电集团），先是担任浙江广播电视报刊出版总社副社长兼广播电视报总编辑，4 年后又被领导派去浙江电视台教育科技频道任正处级副总监，开始正式接触电视媒体。教育科技频道当时是全国省级地面电视频道的"四小龙"之一，实力很强，品牌很响。不过，对我来说，毕竟是做报纸出身的，套路不一样，对做电视节目既新鲜又陌生。好在我这个

1981年入职浙江日报成为一名新闻记者

人还是比较肯学，很快适应了新角色。做电视节目这段经历丰富了我的知识面，对活跃我的思维起到了很好的作用。我个人感觉做电视节目更需要形象思维，要懂得视觉艺术。

2009年，全国广播电视机构陆续开始办新媒体，我们集团也不例外。记得那年国庆节的前两天，集团主要领导突然把我叫去，要我去参与筹建新媒体部门。我没有一点思想准备，心里其实不愿意。领导的意思是，我有纸媒工作经历，而新媒体内容中的文字把关很重要。

就这样，我摇身一变，又成了新媒体人，任浙江广电集团新蓝网总编辑。干了4年多后，接着又负责创办了中国蓝新闻客户端。做报纸，我是老媒体人；做新媒体，我只是一个新兵。就像之前去做电视一样，一切从头开始。我先把心态调整好，接下去就是全身心投入，学习学习再学习，只想尽快地把自己变

钱黎明在浙江电视台教育科技频道工作时留影

成行家里手。2017 年下半年，浙江广电集团开始探索融媒体新闻中心的运行模式，当时大家都把这种形式称作"中央厨房"。我在那里又做了一年多的值班主任，直到 2019 年初退休。

从纸媒到电视媒体，再到新媒体，这就是我的三段经历。如果说还有第四段，那就是退休后，我在浙江大学、浙江传媒学院、浙江省社会主义学院等学校受聘担任业界硕导或者客座教授。让我可以在三尺讲台上，把过去积累的一些经验、以前没有机会释放的能量，找一个口子，再释放出去。

采访组：那么，您是如何进入新闻这一行的？

钱黎明：我是土生土长的宁波人，本来是没缘分来杭州的。1976 年高中毕业后，我进了宁波长途汽车运输公司的修理厂当学徒，天天跟着师傅爬上爬下修汽车。我当时已是 300 度的近视眼，戴了副眼镜在车底下干活，一不小心，一滴机油"嗒"掉在了我的眼镜片上，视线马上模糊了，拧了一半的螺帽也看不清了。我从车底下爬出来，那时候没有纸巾，只好用纱布擦镜片，越擦越糊。没办法，只好跑到水龙头前用肥皂擦、用水冲洗镜片。带我的师傅看到有点不高兴："怎么回事，车修了一半人跑哪里去了？"我向他解释，他听了摇了摇头说："你这个人怎么会来做汽车修理工？真是的。"

就这么干了大半年，没想到，机会来了，高考恢复了！这时离高考也只有两三个月时间了，白天上班不允许请假，复习只有晚上了。临时抱佛脚，主要还是靠读书时积累的那点东西和临场发挥。很幸运，最终我考上了杭州大学。我们是单独的一个新闻班，定向为媒体培养采编人员。经过"文革"十年动乱，媒体队伍青黄不接，我们毕业后，有一半以上的同学和我一样进了浙江日报，从此我开始了媒体生涯。

采访组：您在纸媒时间这么长，有哪些经历值得与我们说说？

钱黎明：我在前面说了，是浙江日报培养了我。对于刚刚入门的我，报社给了我很多的"第一次"。

第一次去北京采访。20 世纪 80 年代初，省报记者很少有机会去外省采访，更别说去北京了。1982 年 12 月，共青团十一大在北京召开，这是改革开放初期共青团恢复生机活力的一次重要会议。我很幸运地作为浙报特派记者去了北京。尤其幸运的是，在人民大会堂我见到了邓小平、胡耀邦、陈云等老一辈革命家。会议结束的时候，他们就从我们身边走过，邓小平同志还向我们招了招手。我一直珍藏着会议期间中央领导与全体代表以及我们随行记者合影的全景照片。

1982年钱黎明（前排左2）赴京采访共青团十一大期间，与浙江代表一起探望著名作家艾青（前排左3）

　　第一次采访高层领导。时隔不到一年，我再一次进京采访。当时浙江省委决定在毛泽东同志诞辰 90 周年时发表纪念文章，报社领导指派我去采访中央顾问委员会常务委员、曾任浙江省委书记的江华同志。江华穿了一双布鞋，在他家客厅里等我。当时我才 24 岁，但江老一点没有把我当毛头小伙子看待，而是非常认真地把我作为记者来接待。他让我坐在他对面的沙发上，叫秘书给我泡好茶，要我先喝点水，他自己坐在一张宽大的写字台后面，拿了一支铅笔和一张纸，等着我提问。采访大约进行了 2 个小时，我每提一个问题，他都会沉思片刻，再慢慢道来。江老的记忆力真的很好，能够把毛主席当年在浙江的一些活动经历，包括时间地点，清晰地回忆出来。两天后的下午，我再次来到江老家，将写好的稿子送给他过目。老人家戴着老花镜一行行看下去，看到一半的时候他忽然摘下老花镜，对我说："写得不错，不看了，你就读给我听一下。"我读完稿子，他只让我改动了几个字，随后就拿笔在稿子的首页上方写下了"江华"两个字，意思是同意发表了。

审稿结束时，已是下午 4 点多，深秋的北京天暗得早，并且有点冷。就在我收好稿子打算告别时，我听到江老跟他秘书说，让司机开车送我一下。我离开客厅时，江老还跟我握了一下手，对我说："回去向你们报社的同志们问好。"他的话让我心里一阵热乎，眼前这位慈祥的老人与电视上看到他在审判"四人帮"时的那种威严形象完全不一样。

第一次出国访问。这次活动缘起于 1983 年 11 月，胡耀邦总书记访问日本期间，按照中央批准的方案，代表中国人民和中国青年，邀请 3000 名日本青年在 1984 年秋访问中国。作为回访，浙江省在 1984 年 12 月中旬派出了浙江省青年代表团访问日本，团员一共 8 人，再加 4 名翻译。在这之前，我已被报社推荐当选了浙江省第四届青年联合会委员，团省委领导于是将我选为了访日代表团成员，兼随行记者。当时，社里除了总编辑和一名专职外事记者出过国，其他同事几乎都没有跨出过国门。所以，我出国也成了报社大院内的一个新闻。我很明白，这是组织上对我以往表现的肯定，也是在鼓励我今后更加努力地工作。

还有一个"第一次"，印象也特别深，就是我作为浙江的媒体记者，第一次去北京参加全国两会报道。1988 年 3 月，全国两会在北京开幕，开幕当天的中午，我正在浙江浦江县采访，部主任突然打来电话，让我中止采访，马上返回杭州，并且已替我买好了当晚去北京的飞机票。

在 1988 年之前，每年的全国两会报道是没有地方记者参加的。1988 年这次两会，全国人大同意各省市可以派记者采访，但只能派一名党报记者。这个政策宣布得比较迟，当时的省人大主任在大会开幕后才知道，他马上打电话让省人大秘书长联系我们报社领导赶紧派记者去北京。

于是，我在没有任何准备的情况下，就匆匆上了飞机，有幸成了浙江媒体记者采访全国两会的第一人。尽管毫无准备，到达北京的第二天，我就投入了紧张的采访，当晚就发回第一篇新闻稿。

说起那一次采访，最困难的不是采写报道，而是如何将稿子传回报社编辑部。那时没有电脑，没有手机，也没有网络，传真机也少得可怜。白天我在人大代表和政协委员的不同住地穿梭采访，晚上写好稿子，首先是要等待领导审阅，但那个时候领导大多还在开会，忙着别的事情。等领导审阅好我的稿子，常常已是晚上 10 点多。身边没有传真机，只能坐车 1 个多小时，到浙江省政府驻京办事处，在那里将稿子传回报社夜班编辑部。这个时间必须要在当晚 12 点前，才不耽误第二天出报。就这样，我每天凌晨一二点钟回到宾馆睡觉，第二天早晨 7 点就要起来继续工作。半个多月，几乎天天都是这样的节奏，好在年轻，每天只睡四五个小时，仍然精神亢奋。只是辛苦了办事处那位值班员，天天等候我到半夜。

这样的应急采访、应急写稿，对提高我的业务能力帮助特别大。开始的几天，我每天只发一篇稿子，后面几天，可以一天发两篇，甚至三篇，依然很从容。写作的体裁也不断变化，起先都是清一色的消息，后来通讯、访问记、特写，多种体裁都有，回杭州后还能给杂志写两篇有特色的专稿。

因为时间很紧，在北京时所有的稿子都是一次性写成，即使有涂改，也要保证页面清楚，因为根本没有誊写的时间。这是我记者生涯中最充实也最快乐的一段记忆，以后多次工作变动，这一叠原稿我一直舍不得扔掉。

结束两会采访，从北京回来的那天，值夜班的副总编辑亲口对我讲："小钱，我发现你能力不错呀，所有的稿件都能够一次写成，这么晚了我们是没有时间帮你改稿的。"我也将自己写的原稿与报纸刊登的文字对了一下，确实几乎没有改动。省人大党组后来给报社送来了对我的表扬信。我还获得了报社总编辑的通令嘉奖。奖励的钱不多，印象中是 50 元，但那个嘉奖令贴在编辑部一楼走廊最醒目的位置上，大家都能看到，让我很有成就感。

采访组： 能否说说做记者时对您触动比较大的一次采访？

钱黎明： 在我早年的记者生涯中，是有过一些让我难以忘怀的采访。

1984 年，中越边境地区的局势仍旧十分紧张。7 月，当时南京军区驻杭州的"硬骨头六连"也被派往云南老山前线。1985 年，当部队凯旋时，杭州城轰动了，在军车开过的天目山路两边，黑压压地站满了市民，在这样一种拥军热潮中，我和另外 4 名记者接受了报道老山英模的任务。我们 5 个人，去采访 6 位英模，我负责采访其中两位。

我采访的第一位英模是一位指导员，与我同姓，叫钱富生，他在弹雨纷飞的战场上冲锋在前，在猫耳洞里给战士们鼓劲打气，他身上有很多政工干部没有的故事。当时，中央媒体和省市各级媒体也都想采访英模，想预约采访十分困难。怎么办？我就在玉泉老浙大附近的一幢民房前，苦苦地守候了 3 小时，才在晚上 10 点半"逮"到了刚好回家的钱富生。

我事先做了功课，采访比较顺利，我写的通讯题目叫《英雄指导员钱富生》。稿子送部主任和总编辑审阅，他们都很认可。我的这篇稿子作为这一组连续报道的带头稿，在《浙江日报》头版头条位置刊登出来，还加了一个"编者按"，蛮醒目的。

采访第二个英模，对我触动更大。采访过程中，我几次止不住流泪，常常需要停顿一会儿，平复一下情绪，再继续提问。

这位英模叫展亚平，他的双腿在炮火中完全被炸断了，左手也被炸断，只剩下一只右手是完好的，是一个特等伤残军人。当时他住在九里松的部队医院，因为医生再三对我说，采访时间不能过长，我前前后后去了 3 次才完成采访。每一次采访展亚平，对我都有很深的触动，而与我年龄相仿的他，反而很平静。

完成采访后，我一个通宵就把 4500 多字的通讯写了出来，题目叫《英勇不仅仅在疆场》，文字都是从心里流淌出来的，没有一点卡顿。如今回头去读这篇报道，依然觉得文字流畅，感情真实。这个人物深深打动了我，这是写好人物报道的关键。如果你没有跟对方有思想感情交流，或者他的事迹没有感动你，稿子写出来肯定是干巴巴的。

我们报道了展亚平的事迹后，全国其他地方的媒体也都来采访，展亚平成为英模中特别受关注的人物。1986年，邓小平同志在北京人民大会堂接见一批英模代表，他看到展亚平坐在轮椅上，特地走过去与展亚平握手。2018年，我在杭州又见到了展亚平，他一直住在苏州的一所部队休养所，并且已做外公了。岁月已经让他变得不再年轻，但整个人看过去依然是那么乐观开朗，思维活跃，对生活充满了热情。他现在的精神状态再一次触动了我——面对这样的英雄，健全健康的我们，生活中还有什么挫折不能勇于面对？还有什么坎跨不过去？

2018年与展亚平合影

采访组：您在联谊报当总编时期，有哪些印象深刻的经历？

钱黎明：我到联谊报任职，特别是当了总编辑后，主要精力当然是放在"把方向、出点子、带队伍"等管理方面。不过，我没有忘记自己始终是记者，平时除了策划、分派记者采写新闻、审阅稿件外，自己也抽空写写评论，重要的报道也会自己去采访。有一个关于浙江图书馆新馆建造的报道，就是我以记者的身份亲自去采写的，产生了比较好的效果。

现在你们看到的坐落在杭州黄龙洞边上的图书馆，就是当时浙江图书馆的新馆，当年建造过程相当曲折。原先的浙江图书馆老馆建于 20 世纪初，到 20 世纪 80 年代，已经破旧不堪。经过各界人士呼吁，建设新馆的建议引起省里高度重视，浙江省委两次召开专题会议讨论新馆建设问题，最终确定了馆址和方案。但是，由于牵涉单位多，一些具体工作始终无法落实，新馆建造一直停留在纸面上。从 1982 年正式提出规划，到 1993 年依然毫无进展。

我跟随省政协委员去现场视察时，看到老馆内有 20 万册书籍无法上架，堆在走廊里、桌子上，还有 60 万册图书寄放在杭州郊区一家蔬菜公司的仓库里，由于存放条件不好，不少书籍出现虫蛀霉变。当时的场景触动了我，于是放下手头别的工作，前往一线调查采访。《联谊报》头版刊登了我采写的报道，用了黑体双排大标题："浙图新馆建设纸上谈兵几时休　80 万图书流离失所何日有家"。报道出去后，在知识分子中产生了比较强烈的反响，省政协和省政府领导先后批示，要求有关单位限定时间，抓紧开工。这个报道在当时发挥了比较好的舆论监督作用，还被评为当年年度浙江省新闻奖一等奖。

我在联谊报当总编期间还做过一件事情，效果也挺好。20 世纪 90 年代，在市场经济的大潮下，精神文化产品如何"走市场"成为一个需要研究的课题。有很多知识分子好不容易出版了书，但没有钱去做推广。我就在《联谊报》上推出了一个"为学术著作做免费广告"的策划。没想到这一举动受到了社会各界特别是学者的一致好评。在很长一段时间里，我们大约为上千位学者出版的著作做了免费广告。为学术著作做免费广告，当时在国内媒体中是首创，《人民日报》《光明日报》《文汇报》等中央和省市数十家报纸刊登新闻、发表评论，肯定我们，认为《联谊报》"为新闻扶贫蹚出了一条路子"，"开了新闻界在广告扶贫上的先河"。香港《大公报》称赞这一做法"使著书和读书者如沐春风"。当时的《新闻出版报》还专门派记者来报社采访，在该报头版头条发新闻表扬了我们。

采访组：您去浙江广播电视集团工作后，从一名报人到一名电视人，您是如何开展工作的？

钱黎明：我去浙江广播电视集团工作后，起初干的还是报纸，但与广播电视已经近距离接触，活动天地更广了，工作很有新鲜感、创新感。记得香港回归5周年即将到来时，我们与共青团浙江省委一起策划组织了一个"浙江小记者赴香港采访"的活动。当时的团省委副书记任采访团团长，我是副团长。我们在杭州的学校中选拔了十几名比较优秀的小学生作为小记者。我们报社活动部主任葛继宏公关能力很强，加上小记者们可亲可爱的形象配合，先后联络采访到香港特区首任立法会主席范徐丽泰，著名人士邵逸夫先生、曾宪梓先生，还访问了当时的驻港部队司令员熊自仁，去了凤凰卫视与主持人吴小莉座谈。整个活动效果很好，香港的媒体都做了跟踪报道。这件事让我深深感到，做媒体不能只是会做报道，还要懂得借势造势，善于通过策划组织一些好的活动，充分发挥好媒体在宣传上的优势和影响力。

钱黎明（右二）和小记者做客凤凰卫视与主持人吴小莉座谈互动

到了电视频道任职后，又是另一番新天地。我在频道主要分管大型电视活动、各种电视品牌栏目和纪录片拍摄等。改革开放 30 周年即将到来时，我们频道与广播音乐调频频道一起承办了"唱响 30 年——纪念改革开放 30 周年经典歌曲评选"活动。采访团队奔赴大江南北逐个走访了多个经典歌曲的词作者、谱曲者和首唱者，请他们回忆歌曲留下的历史印记和背后那些不为人知的故事，从一个特别的视角去记录并讴歌改革开放给中国所带来的巨变。

活动结合群众投票评选出 30 首经典老歌，还举行了大型歌唱晚会加上电视直播，声势和影响都很大。活动结束后，我和同事还根据采访整理的文字编辑出版了一本书《岁月留住的歌》，这个书名还是我起的。这个新闻采访活动后来还获了省级奖项。

与这个新闻采访活动同步进行的还有一个活动，我们频道拍摄的一部全景式展示浙江改革开放 30 年来"三农"成就的电视专题片，片名叫《丰收》，我是这个项目的主管领导，也是具体的组织策划者。

项目启动后遇到的第一个瓶颈是拍摄文本的确定。尽管我们请了优秀的写手，但文本结构需要我总把关。起先形成的文本，我总是感觉内容上不能很好地诠释想要表达的主题。要不要推倒重来？怎么来？时间已不允许我们再磨蹭。那天晚上，我带着编导、摄像师直奔杭州之江饭店，找到了正在那里开会的时任省农办副主任、三农专家顾益康，我们向他说明来意，陈述困惑，请他指点。经过整整 3 个小时的思维碰撞、反复探讨，新文本的框架在我心里终于逐渐清晰起来。

文本敲定后，接下来如何运用电视艺术形象生动地记录呈现，对我们团队又是一个挑战。好在文本作者与编导、摄像师配合非常好，大家劲往一处使，片子很快拍成了。播出后获得各方好评，这个纪录片后来也获了省级奖项。

电视这一行，越深入地干进去，就越会感觉学问很多，让人欲罢不能。我还带领摄制组专门去海峡对岸拍摄过台湾农业方面的系列专题片，我们跑了岛上的很多乡村，去拍摄各种特色农业，去采访一个个种粮、种瓜、种咖啡的达

2008年钱黎明（左二）带领电视摄制组赴台湾拍摄农业专题片

人。因为人手不足，采访拍摄时，我就拿着录音吊杆，在现场充当录音师。

除了做电视节目，我还与我们频道的年轻人一起尝试拍过一部电视连续剧，叫《如此婚姻》，共22集。拍这部电视剧我们只花了200万元，剧本是我们频道一位女编辑写的，剧务、摄像师、片场工作人员，还有群众演员，统统都是我们自己的员工，我们只请了两三个专业演员。最后不仅收回了拍摄成本，还有盈利。

我做电视节目的时间，其实前后不到5年，但却是我职业生涯中内容比较丰富、接触面比较广、心情也比较舒畅的一段时光。

采访组： 请您和我们谈谈创办新蓝网的一些经历和遇到的一些困难。

钱黎明： 新蓝网创办时各方面条件非常简陋，也非常艰苦，根本没有什么高起点、大手笔、大投入。首先我讲团队，领导班子一共3个人，总监任溯是从电视台留学频道调过去的，我是总编辑，从电视台教育科技频道调过去的，还有一位副总监洪永和是从集团总编室调过去的；我们又设法从集团内兄弟单位挖了几名业务骨干担任中层干部，从电视频道、广播频道借调了13名编辑记者，再加上集团下属的一个网络技术公司的20多名员工，总共40多人的队伍就开始办网站了。

其次，我们也没有像样的办公场地，当时是在集团边上临时租用几间办公室作为网站的办公场所。那时候办网站都是做 PC 端，几乎每天晚上，我们班子成员和中层干部都要围坐在一起研究网页的内容架构。我们专门买了一块白板，用一支黑笔在上面写写涂涂，先确定首页用哪些内容关键词，然后再规划二级、三级页面的关键词。就是用这样一种非常原始的办法，花了一个多月时间，把网站的 PC 端搭建好了，完成了上线前的各项筹备工作。网站正式上线那天，没有任何剪彩等仪式，我们的员工围坐在一间不大的办公室里，摆着十几台电脑，一声令下，就推出了网站。

今天回头去看，当时做网站这个新媒体，因为整个氛围、认识、条件远不如现在，可以说有许多难言的困苦困惑，心情时常处于一种焦虑、纠结状态。但有一点我感到十分高兴，就是能够与年轻的员工一起共事。

为了方便沟通，我把办公桌直接放在了编辑部大办公室的一个角落上，随时可以和同事沟通，随时可审阅修改稿件。这样，大家有事不用专门跑去找我，我指挥他们也更方便，从年轻人身上我也吸取了很多创新的思维，还有他们的青春活力，我与年轻员工几乎没有什么隔阂。现在回忆起当时那一幕幕情景，日子固然有点清苦，但却不失温馨。很多年后，不管是不是还在一起工作，也不管在哪里遇见，彼此仍然有一种无拘无束的亲近感。

我一直认为，做新媒体遇到的最大问题是体制机制问题和观念上的差异。2014 年，我在国家广电总局举办的一个新媒体研讨会上发言，提出"新媒体不再是传统媒体的一个无足轻重的子平台、子媒体，而是传统媒体向新兴媒体转型的一个崭新的主平台、崭新的母体"的观点，获得了与会同行的普遍赞同。

但是在实际运作中，大家都感到新媒体往往处于不太被重视的劣势地位，特别在内容上很难与传统媒体实现全方位的资源共享，更谈不上无缝对接。而这些问题不从根本上解决，所谓媒体融合只能是形式大于内容。

还有，新媒体队伍自身也面临着如何脱胎换骨的问题。我们的员工大部分是做广播电视或纸媒出身的，缺少互联网基因，特别是思维方式有很大区别，包括我在内。而后天培养或提高需要一定的时间。你怎么改变自己？怎么提升用户思维？……这些问题都不是一天两天所能解决的。所以，就算自己想发力也会遇到各种各样的瓶颈。

另外，对于新媒体的投入与产出问题、近期目标与长远目标，都要有一个理性、科学的评估。主流媒体所办的新媒体，主要职能是做新闻做宣传的，重心不是做市场，所以，培育是必须的，投入是硬道理，新媒体的舆论影响力也是有一个逐步提升的过程。只有把新媒体真正作为一种战略布局，作为媒体融合转型的先头兵，用心用力去打造，新媒体才会有起飞的一天。

采访组：在新蓝网工作期间，让您印象比较深刻的传播或者报道有哪些？

钱黎明：新蓝网初创时期，我们的队伍很年轻，没有办网经验，是摸着石头过河的。但大家很争气，网站成立 1 年后，新蓝网就获评浙江省文化传播创新十佳网站；年轻人的业务能力也在快速提高，每年都有新媒体作品获得省好新闻一、二等奖和广播电视节目政府奖一、二等奖。

让我印象深刻的是新蓝网在发展过程中遇到了两个非常好的机遇。

第一个机遇是每年举行的互联网大会乌镇峰会。互联网大会乌镇峰会是我们新媒体人开展练兵、提高实战能力的最好机会。我们在 PC 端曾做过一个"乌镇走进互联网"的新闻专题，我们尝试从用户体验的角度去搭建页面，让用户能够沉浸式地浏览新闻。内容编辑与技术人员做了一个很好的创意：乌镇是水乡泽国，它的文化符号就是乌篷船，我们就在首页设计一条会游动的乌篷船，将新闻内容有序地铺设在"水乡"的四周，用户只要用鼠标点击乌篷船，船就会带着用户自动去寻找想看的新闻。一层一层的内容也都由乌篷船的滑动引导进去，喜欢看什么新闻，就把"船"停在什么位置上。这在当年还是很有新意的，体验感也好，又有趣味性。这个设计后来也获得了省级奖项。

第二个机遇是 2016 年在杭州举行的 G20 峰会。G20 杭州峰会是浙江省历史上第一次举行这么高级别的国际性会议，也是媒体人首次在本地参与如此高规格的新闻现场。我带领一支采访团队直接进入媒体驻会点，现场采写新闻，开展网络直播。我们的队伍经过前几年的摔打，这时已经比较成熟。我们关于 G20 杭州峰会的专题报道，不光获得了浙江省网络新闻专题一等奖，还拿到了中国新闻奖网络专题三等奖。这也是我们网站第一次获得国家级新闻奖项。

G20杭州峰会期间，钱黎明（左二）与驻会记者一起研究讨论

采访组： 从做纸媒到做电视媒体，再到做新媒体，您一路走来身份不断变化，这些变化和转型带给您的最大挑战是什么？

钱黎明： 就我这一生来说，的确是在不断地转变中，好像总是行走在路上。每一次的角色变化，对我都是一个重新开始、重新适应、重新学习和不断修炼、不断提升的过程。其中，有些转变是主动的，有些是被动的。

比如我在 39 岁那年获得新闻正高职称后，内心萌发了告别纸媒的想法，所以后来去了浙江广电集团。做电视媒体尽管面临新的挑战，但这是我乐意去尝试的，有内在的驱动力。而离开电视这个平台去做新媒体，这一改变最初却不是我的意愿。一是因为我在电视频道干得比较舒畅，觉得还可以干得更好；二是因为直觉告诉我，当时传统媒体单位中的新媒体部门状况普遍不太好，做新媒体会有很大的落差，也会很孤单。好在我这个人适应性还是比较强的，我会自己去改变自己。去新蓝网后，我很快调整好心态，干劲就上来了。一边做好总编的日常工作，一边去恶补各种新媒体知识，参加各种研讨会，虚心向年轻人讨教。慢慢地，从不懂到明白，从外行变成了内行。几年后，当网站发力开始打造中国蓝新闻客户端时，我基本上可以用专业术语，与技术合作方开展各种对话。

这些都不算什么困难。对我来说，角色变化中遇到的最大挑战是思想观念、思维方式上的冲突。因为我大部分职业生涯是在做传统媒体，做报纸时逻辑思维、理性思维会比较重一点；做电视媒体后，增强了形象思维、感性思维；最后去做了新媒体，思维上的跨度和变化就不是理性与感性、抽象与形象那么简单了。做新媒体需要的是互联网思维，互联网思维的核心是用户思维，此外还有平台思维、数据思维、迭代思维、流量思维等等。对于这些思维，你如果很麻木，没感觉，甚至有些抗拒，那怎么去做好新媒体？

在具体新闻报道上，随时都会遇到的问题是，新媒体相较传统媒体在叙事方式、表现形态、表达手段上有着明显区别，更重要的在于处理信息的思维方式不同，尤其是需要很强的用户思维。我们往往有一个习惯性思维，总认为自已做的产品是好产品，结果一放到新媒体上，没有多少人看。原因很简单呀，你认为好，用户不一定认为好，结果做了大量"自以为是"的产品。

与用户思维密切相关的还有平台思维。当今社会正处在一个迈向平台战略的时代，作为主流媒体要做大做强，不能缺少平台思维。我认为，社交媒体的最大成功就是坚持了平台战略，"学习强国"学习平台、人民号目前也都在探索这个路子。这些年我还一直在琢磨，主流媒体创办的新媒体，怎样向社交要内容？在 PGC + UGC^① 的传播模式下，怎样跟用户一起做新闻？……未知的东西实在太多。

在强调网络思维的同时，当然不能丢掉辩证思维。比如，时下大家都在热捧短视频，以为文字已是可有可无，其实，文字是灵魂。在各种新闻表达中，好作品一定离不开深厚的文字功底。即使新闻纯视频化呈现，其背后也有着文字的逻辑思维。所以，媒体融合不是谁替代谁，而是相互依存，水乳交融。

我现在说这些思维问题，好像很轻松，其实这些都是曾经让我自己困惑、无所适从、甚至有点茫然的问题。当我对这些问题不再迷茫时，也就基本完成了一个传统媒体人向新媒体人的初步转型。

采访组： 您不仅是一名媒体从业者，也是一位研究者，特别是在新媒体传播领域您一直在做研究，能否谈谈这方面的感受？

钱黎明： 对于新闻业务的研究的确贯穿了我的整个媒体生涯。法国哲学家笛卡尔说过"我思故我在"。我们正好赶上了一个飞速发展和巨大变化的时代，作为媒体人，也是时代的思考者，我们没有理由不去研究问题，尤其是与自己职业密切相关的问题。

当年我做报纸的时候，就开始注意研究办报规律，在国家级刊物上发表了诸如《讲正确又动听的话》《怎样搞好舆论监督的跟踪报道》《关于办好报纸专

---

① PGC：Professional Generated Content，专业生产内容。UGC：User Generated Content，用户生产内容。此处指两种模式彼此融合。

刊的思考》等论文，在办报实践中也做了各种探索。我在联谊报担任总编期间，报纸多次被浙江省委宣传部评为浙江省优秀报纸。

做电视媒体以后，我也在用心地研究电视的特点、艺术性等方面，所悟所得使我能够较快地胜任新角色。做新媒体以后的那段时间更是我研究成果喷发的时期。我虽然很早评上新闻正高职称，没有了发表论文的压力，但这些年来，每隔一段时间我仍然会有研究成果发表在国家级杂志上，像《且"融"且改变：推进广电新媒体融合发展的思考》这篇论文，在《中国记者》杂志和文化产业评论微信公众号发表后，引起了业界广泛关注；还根据多年思考积累写成了长篇论文《新媒体语境下信息传播的五个变化》。

学术交流活动对我的研究推动也是蛮大的。2011 年 11 月，在新蓝网上线运行接近两年时，我接到了集团领导交给我的一项任务：去台北参加媒体高峰论坛，并在论坛上代表浙江广电集团做一个主题演讲，而且要求两天内先交一份书面发言稿，送承办方印刷成册。

我起先脑子有点蒙，不知道讲什么。好在平时有一些碎片化的思考和研究积累，后来很快理出了头绪，如期递交了一篇发言稿，题目是《拓展广播电视在新媒体领域的传播力》。这一次台北之行，让我从同行的发言中看到了自己研究上的不足，而登台演讲激发了我对新媒体研究的浓厚兴趣。

从那以后，每遇各地举办新媒体学术交流论坛，我都尽量去参加，并且愿意上台发个言，加强和同行的交流和探讨。发言一般也就 20 分钟到半个小时，但我一定会认真准备，在有限的时间里讲清讲透新媒体实践中的某个前沿观点，我觉得这也是一种研究成果。

新冠疫情发生后，短视频成了互联网传播的"爆款"。短视频为什么这么火？站在用户的视角和传播的效果上去思考，会有许多启发。

我把如何做好短视频用关键词提炼出来，形成了"做好短视频的八个关键词"这一研究成果。比如有一个关键点是：懂得做减法。遇到重要活动、重大事件，传统的宣传思维往往是做加法，报道越长越好，图片越多越好，版面越大越好，视频访谈也是长一点更显得重要，总之都是做加法的思路；而做短视频，必须在有限的时间里把最有价值的内容提炼出来，表达好，需要的是断舍离——挤掉那些可有可无或者无关紧要的信息，学会做减法。

还有一个关键点是：注重情感传播。新媒体传播的核心是情绪传播，情感常常比内容先起效。神舟十四号发射升空后，网上有一个短视频讲述了航天员刘洋曾对丈夫的一段嘱托，大意是如果她回不来了，希望丈夫替她照顾好她的父母亲，同时希望丈夫再娶一个会做饭的妻子，能够代替她照顾丈夫。这样的表达没有任何豪言壮语，只是普通家常话，但远比那些光讲大道理、空喊口号的宣传要打动人心，让人们深深地感受到我们航天英雄和他们家人为祖国强盛所做出的无私奉献。

新媒体的工作实践给我的理论研究提供了许多鲜活案例。在新蓝网任职期间，我每年都会参加各种新媒体评奖，这也是我了解和研究新媒体作品优劣、得失的极好机会。针对不少作品存在的弊病，我写了一篇论文叫《从新闻评奖话新媒体传播》，提出了新媒体好作品的五个基本要素：一是凸显视频的价值；二是强化作品互动性；三是注重原生态原创性；四是要有分享；五是必须要有好的用户体验。

我退休了，媒体生涯结束了，但我并没有停下步子，而是开始了我第四段人生旅程，就是去高校担任硕士生导师、客座教授，去各地讲课。

现在，我研究的课题已不再局限于新媒体传播，更多的是研究各种突发性事件中的危机应对、舆情处置等问题，听课的对象基本上是各行各业党政领导干部、企事业单位负责人。这方面的研究其实也是得益于我在新媒体从业时的收获。因为我负责新蓝网和中国蓝新闻客户端的内容把控，时常要配合省有关部门处理各种网络突发舆情，接触到大量舆情案例，有心积累，就有了一个研究富矿。

面对当下复杂的突发性事件和网络舆情，我根据以往积累和最新研究，开设了"突发性事件中的危机应对与舆情处置""领导干部如何提升应急处突与媒体沟通能力"等相关课程。2022 年我还应广西百色市委组织部的邀请，带着最新的研究成果专门去当地给 300 多名处级以上干部讲课。

在新冠疫情最严重的那段时间，我每天浏览各种信息，分析相关案例，捕捉信息传播的各种细微变化，将研究成果及时做成新的课件"新冠疫情背景下的传播变化与表达创新"，第一讲就是为杭州市一万多名处级干部上网课。

古人说，"失之东隅，收之桑榆"。当初我不愿意离开电视去做新媒体，结果恰恰是新媒体的这段经历，让我的退休生活还能发挥余热。我是一个已退出江湖的人，但我希望自己还没有过气。

采访组：能否具体谈谈怎么处理互联网用户思维与把握舆论导向的关系？

钱黎明：这个话题问得好！曾经有人直接对我说："你是主流媒体的人，是不是太在意用户思维了？"意思我明白，但我想说的是，强调用户思维，不等于不要正确的舆论导向，不等于一切向用户靠拢，如果这样去理解就偏了。

无论是做传统媒体还是做新媒体，对于媒体人来说，政治素质、专业素养永远都是第一位的，导向把控也是最重要的。但是，我们不能只会把住底线，还得会提升高线。所谓高线就是新闻的传播度和影响力。对于媒体来说，重视用户思维，就是要善于讲正确又动听的话，就是为了把新闻做得让用户愿意看、喜欢看，从而更好地达到入脑入心的效果，而不是提倡那种故弄玄虚，或者搞那种纯粹是博眼球的标题党。因为缺少用户思维，我们做的很多新闻缺乏到达率，没有影响力，这个事实必须正视。所以，讲用户思维与舆论引导，两者不是对立的，它们之间是辩证关系。

关于"标题党"，我的观点是：我们反对"标题党"，是反对那种脱离事实、曲解内容、离内容万里的"标题党"。标题很吸引人，内容点进去找不到一丝信息，或者是完全走了样的信息，这种"标题党"必须杜绝。但是，如果你能把藏在新闻里面的最精彩、最有特色的信息，从众多内容中"拎"出来，作为标题突出处理，吸引用户，这就是一个好标题。好标题会让人有欲望去看你的新闻详情；好标题是一种悬念，也是一种带你进去阅读的"钩子"。

新媒体领域还有一种混搭思维。不知道你们有没有看过电视连续剧《人世间》。《人世间》的主题曲非常好听，很感动人。人民日报的新媒体就把这个主题曲放入了抗击疫情的一个视频作品里，做成了一个抗疫主题的视频作品《人世间》。视频内容是当时抗击疫情的一个个画面，音乐是正在流行的《人世间》的主题曲，视听与情感一碰撞，泪点一下子就出来了。这样的混搭就是舆论引导与用户思维的完美结合，这个作品的传播度就比同类其他作品好很多。

采访组：面对当下新媒体传播的发展，您对我们这些未来的新闻从业者有什么指导性建议和寄语？

钱黎明：生活在这个时代，最重要的是要与时俱进。现在有一句话很流行，叫"世界是平的，世界也是屏的"。对后面这个"屏"我们要去深入研究，内涵很丰富。起码有两层解读。第一层含义是：我们曾经一直看的是电视屏，电视是传播的主要形态之一；互联网发展起来后，有了电脑屏，大家可以坐在办公桌前通过电脑，也就是 PC 端，上网获得信息；而现在已是人人拥有手机屏的时代，从电视屏到电脑屏，再到手机屏，这是一个划时代的变化。

"屏"还有另一层含义：传播正在从媒体屏走向社交屏，走向自媒体屏。微博、微信、抖音都是社交屏，你说它们的影响力不大吗？自媒体使得我们进入了全民发声的时代，网络舆情也因此变得十分迅猛和复杂。所以，这些都应该成为今天的新闻学子好好研究的课题，你们必须了解并且掌握这些新的传播特点与规律。新媒体改变了长期以来传统媒体的单向传播，变成了互动性极强的双向传播，自媒体更是放大了各种个性化的表达。所有这些传播中出现的最新业态、最新变化，传媒专业的同学都应该非常敏捷地捕捉到，这就是与时俱进。

如果你以后想去媒体从业，我认为知识结构和行为方式也很重要。我以前是做报纸的，后来去做电视媒体、做新媒体，知识结构上肯定有缺陷，那就努力去弥补呀，缺什么就补什么。你们处在学生时期，兴趣不能太单一，今天的优秀记者必须是集文字、摄影、摄像、剪辑和新媒体制作推广等多种技能于一身的，要成为一个全媒体记者。那么，你捕捉新闻的手段、方法以至理念也与过去传统媒体时期大不一样。

当一起重大突发性事件发生时，记者到达现场的第一个动作是什么？我认为首先是拍视频，尽可能留下现场最原始的记录。如果你不拍视频，过了这个时间点，现场发生了变化，你就无法还原用户希望看到的真实场景。其次是拍照片，如果你没有及时拍下来，只能去扒人家打上其他媒体水印的照片，等于在替别的媒体打广告。最后才是去做文字采访。有的记者跑到现场先问这问那，等他回头想实录一点什么，现场已经不是原来的现场。

我说这些，丝毫没有否定文字采访的意思，而是说作为全媒体记者要讲究轻重缓急，懂得融合新闻采制的程序与规律。文字信息所有媒体都会报道，你也可以不露痕迹地整合已经公开的新闻资源进行解读，但如果精彩的视频和图片是你独家拥有的，你就是达人。

最后我还想强调一个个人观点：在媒体大融合和新媒体日新月异的今天，你们要成为一个优秀的记者要做到两点。第一，应具备新闻专业素养加新媒体思维，两者缺一不可；第二，要胜任专业记者和自媒体人的双重角色。也就是说，你既要能够以专业的眼光去捕捉和报道新闻，又要善于以自媒体的那种表达方式和用户思维去传播好新闻。

楼时伟：我就是做社会新闻的料

采 访 组： 俞丰君安、方艺霖、邓雅婷、金泽宸

采访时间： 2022 年 8 月 29 日

采访地点： 楼时伟宅

　　楼时伟，1953 年生，杭州日报原主任记者，曾先后担任《杭州日报》下午版社会新闻部主任、杭州日报城市新闻中心副主任、杭州日报传媒有限公司新闻培训部主任。累计获得浙江省、杭州市及全国副省级城市党报好新闻奖 53 次。领衔创办《大众热线》《特别报道》《新闻故事》3 个名栏目，其中 16 个新闻故事被中央电视台拍摄成专题片播出。目前为杭州市人民政府参事、杭州市关爱孤儿基金会秘书长。

采访组：楼老师您好，很荣幸能采访到您，请先简要介绍一下您的工作经历。

楼时伟：我1953年出生，从杭州日报退休已将近10年。因为历史原因，我只读了两年初中，就去了浙江生产建设兵团。8年后，我回杭州进了一家丝绸厂工作。我虽然只有初中文化，但有个爱好，就是喜欢给报社写稿、投稿，并梦想着有一天能成为记者。现在想想，当时只有一张初中文凭，又没有经过专业的培训，我这个梦想真可算是"初生牛犊不怕虎"。

那时我通过投稿，认识了报社的一位记者，他把他大学读过的新闻书籍借给我自学。就这样，凭着一股热情，我一边自学，一边写稿投稿。那时，杭州城里只有《浙江日报》《杭州日报》《浙江工人日报》，再就是《经济生活报》，报纸数量不多，版面也少，像我这样的业余通讯员，投的稿件想见报真的很难。

有一天，我突发奇想，人家集邮，我来个集报行不行？如果能把各地的报纸都收集起来，一来可以阅读学习，扩大视野；二来方便研究版面，精准投稿，那多好啊。

有了想法，说干就干。1984年8月15日，是我人生中值得纪念的一个日子。当天，我希望和全国报友交流、调换报纸的"小广告"在《中国报刊》上刊出了，引起了强烈反响，半个月里，我陆续收到了40多封来信。全国各地的很多朋友把当地的报纸寄给我，并留下他们的联系方式。就这样，我和这些报纸爱好者通过报纸进行交流，不少还慢慢成了朋友。

一段时间的交流、学习后，我对报纸的内容规划、版面布局有了更深入的了解，客观上扩大了我的视野，提高了我的新闻写作能力。慢慢地，我开始尝试着给外地报纸投稿。我把自己拍摄的西湖名胜景点的照片，有的放矢地投寄给几家外地报纸，均被作为副刊的刊头照采用。为什么？因为我研究过他们的报纸。

我记得当时收集到一张《云南经济报》(现名《云南经济日报》)，发现它

20世纪80年代初，楼时伟因为兴趣开始集报、看报、研究报，积极写稿、投稿

有一个专门刊登各地信息的版面。有一天，我看到杭州有商店在卖昆明过来的"多味瓜子"，杭州人还排队购买。我想，这个热销现象不是可以写篇报道吗？于是自己也排队买了一斤尝尝，还采访了店家。我把这篇稿子寄给了云南经济报，说昆明的"多味瓜子"在杭州销路好。没想到，不但稿子登出来了，报社还给我寄来一张特约记者证。这样一来，我写稿信心增加了，投稿的劲头更大了，"门路"也逐步打开了。

都说机会是留给有准备的人的。1988年底，杭州卫生局主管的杭州卫生报一个编辑记者岗位要招人，有认识我的编辑老师让我去试试。当时，我压力很大，心想自己既不懂医，也没有当过记者、编辑，怎么去干？但经过面试，招聘的负责人认为我有能力胜任这份工作。工作一段时间后，我提议将这份报纸改名为《健康导报》，从宣传卫生防疫的功能转为传递健康生活理念。有段时间，我还去江西家庭医生报学习，学人之长，补己之短。就这样，在健康导报工作的4年间，我练就了较强的采编能力，报纸发行量也从15000份增加到了

1984年2月13日 星期一 第二版

杭州人爱嗑多味瓜子

春节前，杭州一些南北货店的柜台上摆满了昆明南坝食品厂生产的多味瓜子，不少顾客争相购买。仅庆春街就有十五、六家商店经销昆明多味瓜子。在菜市桥旁的一家食品商店，一顾客打听有否昆明产的多味瓜子，当营业员把每袋0.32元的昆明多味瓜子交给他时，那位顾客连声说："不够，不够，我买十包"。此时，另一女顾客也挤进来，买了五包，她说："这是过春节时吃的"。昆明瓜子何以迢迢畅销杭州，主要是瓜子的味道好。该店同时经销本省加工的和昆明南坝食品厂生产的多味瓜子，两地产品价格，包装规格都一样，但昆明产的瓜子，色香味俱佳，回味足，多吃不腻。不足之处是有烘焦现象。并希望适当降低销售价，同时增加几种其它色味的瓜子。

楼时伟

《云南经济报》

楼时伟收藏的《云南经济报》投稿文章剪报

35000份。

4年后，正巧遇上杭州日报招聘，我很想去，但我没有大学文凭。虽然我在丝绸厂工作期间，曾专门到夜校去学习高中课程，语文、历史通过了，但可惜数学没考过，因此没拿到毕业证，相当于是个高中肄业。靠这么一个文凭想去杭州日报工作，即便是在1992年，也是通不过的。

当时的报社副总编辑冯振德非常重才，他面试我后，觉得我虽然没有大学文凭，但非常喜欢报纸，家里有1万多种报纸，还有在专业报纸工作的经历，这也相当于是一张"社会文凭"了，他相信我进了杭报一定能胜任工作。编委会的几位领导听后也觉得有道理，便一致同意了。就这样，我被杭报破格录用了。

得到这个消息，我真的非常兴奋。那时我已经38周岁了。到了这个年龄，只有一张不起眼的文凭，却能让报社领导这么信任我，我下定决心，一定要以

1987年杭州举办"楼时伟个人藏报展"，展出报纸2600余种，是新中国成立以来浙江省首次报展

实际行动对得起这份来之不易的工作。

　　进报社做了大半年夜班编辑后，报社开始筹办报纸的下午版，领导把我调去搞筹备工作。从此，我在报社的这一个部门干了20多年，直到退休。这个部门的名字换过很多，如热线部、社会新闻部、城市中心等，但万变不离其宗，主要就是负责热线新闻。杭州日报有一条热线是85109999，其实最早就是我牵头弄起来的。

　　现在想来，我应该是杭报唯一一个在同一个岗位上从来没调动过的人。2005年，报社编委会根据我的年龄和工作经历，专门成立了以我的名字命名的工作室，并创办了新闻故事专栏。这个工作室刊发的119个新闻故事，全都是从土里挖来的老百姓的故事，其中16个故事被央视的几个栏目拍摄成专题片播出，这个新闻故事专栏也曾入选杭州市十大名专栏。

采访组：您是怎么判断自己就是做社会新闻的料的？

楼时伟：可能是天生的好奇心吧。小时候的我，在母亲眼里就是个爱打破砂锅问到底的人。成年后，社会上发生的一些事，我都比较好奇，也会尝试自己去观察、挖掘、采写。其实很多事大家都看到了，只不过很少有人会提笔写下来，偏偏我写了，大家读着也觉得挺有意思。

那时，我在丝绸厂计划科工作，身边人都知道我是个"业余记者"，便不断向我提供线索。一天，厂里有人告诉我，玄坛弄一个公厕的粪池口围着很多人，听说在打捞一个弃婴。我趁午休，跨上自行车就过去向居民区治保主任打听情况，哪知她哈哈大笑，摆摆手说："没事体，没事体（没事情，没事情），是大家听错了，捞起来的是一只小狗。"

原来如此，我只好打道回府。走到半路，一拍大腿，想，这才是一个好新闻素材啊。正常情况下，救上来的如果是个婴儿，当然是一则新闻，可这么多人一通忙乎，还把环卫局的抽粪车给调来了，把小狗救起来，不也是一则有价值、有看头、有人情味的新闻吗！

于是第二天，一则题为《众人有心，疑是婴儿陷险境；虚惊一场，原是小狗落粪坑》的社会新闻在《杭州日报》见报。随后，有关领导专门就这则社会新闻作出批示，希望报社今后多刊登此类有人情味、可读性强的社会新闻。

要知道，那个时候马路新闻是被看作难登大雅之堂的。这时我意识到，领导和报社办报的观念开始改变了，这对我来说是莫大的激励。

还有件事。那时上下班，我每天要路过皮市巷，巷口的富强服装厂厂区有一棵高达 20 余米的玉兰树，招来了数以千计的麻雀、鹦鹉"安营扎寨"。我每天傍晚路过时，这里的鸟鸣声响成一片，很是闹猛①。当时传达室的师傅说，玉兰树上鸟儿生活非常有规律，早上飞出去前、晚上飞回来后都要"叽叽喳喳"地叫一阵，等天全黑了就没有声响了。

我又问住在附近的大妈。她们说，这些鸟几年来已成了她起床晨练的"闹

---

① 闹猛：方言，意为热闹，或繁忙。

钟"，还有人背着专业工具在这里采录过鸟鸣声。

稿子写好后，我问自己：千余鸟儿何以久聚不散？我说不出来，那就去采访专家。杭州动物园的鸟类专家认为：关键在于该地区捕猎鸟的人少，给鸟筑巢带来安全感。我又问了当时的杭州大学生物系副主任，他同意这种分析，并推论，闹市区的鸟群得以繁衍扩大，与该地段环境治理有关系。回社区询问，果然不出所料，这个小区被评上全国安静居住小区。这让我很惊喜，一个鸟儿集聚的现象，印证了杭州良好的生态环境，这条社会新闻稿的内涵就有了极大的提升。

再比如小伢儿①养小鸡玩，鸡小的时候是个活玩具，可大起来又该怎么办呢？杭州城里是不允许养鸡的，这就成了一个问题。这就是一条新闻吧？把它写出来，保准老百姓爱看。还有，20世纪90年代，城市化进程推进，拆迁多了起来，不少人搬进新房子，那些新造的多层房子没有电梯，楼道也窄，大的柜子就会搬不上去。有人就想了个办法，在楼顶弄个吊车一样的东西，把柜子拉上去，这也是一则好新闻。我写完发给编辑，还得到了报社领导的夸赞。

稿子发得多了，我就常常会接到任务。就这样，西湖边拍新婚录像，老居民区水井边大妈忙碌洗涤，还有过年前酱鸡酱鸭"出头露脸"晒太阳……这些市井生活都被我拿来写成了鲜活报道。

进了杭报，有些常规报道每年都要做，但我总想不落俗套。比如3月学雷锋月，报社要求我们围绕这个题材做做文章。一天，我路过一家锦旗店，就进去问："老板最近生意好不好？""好的，都是做学雷锋的锦旗！"我又问："那平时做锦旗的多不多？""也不少，现在一年四季做锦旗表达感谢的挺多。"

老板一番话，我脑子里立马就有了标题：《三月春风，四季拂面》。春风不只在春季，春风四季拂面。透过锦旗制作这一行业顾客盈门的现象，可以看出社会风气在好转。

都是哪些人来做的？送给谁的？经过采访，我基本了解到一面面锦旗的背

---

① 小伢儿：方言，指小孩。

楼时伟在杭州日报的工作照

后，有一个个拒收红包的好医生，有一个个拾金不昧的好路人。每一面锦旗的后面都有一个温馨故事，"三月春风，四季拂面"绝不是一句空话。

采访组：您在几十年的工作中经历过无数次的采访，这些采访中哪次让您最为记忆深刻？

楼时伟：其实记忆深刻的事情有很多，我经历了在杭城发生的许多历史性瞬间。

清泰街原来有两幢老房叫"荐桥洋楼"（也称"荐桥洋行"），至今说起来心里仍觉得遗憾。它始建于 1865 年，1996 年，因为清泰街要拓宽，城建部门计划将老房拆除。

现场采访时，爆破施工单位告诉我，这两幢楼房建于 20 世纪二三十年代，但附近居民却不同意这一说法。为了搞清楚老房的真实"年龄"，我先后向市、区城建部门了解，一无所获，再打电话询问曾经在这两幢"洋楼"里办公的朋友，结果他们也是"身在楼中不知楼"。

爆破时间越来越近，我又陆续找了当时下城区地名办、上城区地名办以及市工商联等算得上是"杭州通"的朋友进行了解，仍不得而知，真急煞人。有人建议我再去找找上城区教育局的陈星汉。陈老师不愧为"杭城活字典"，我记得当晚，他就凭记忆找到了《杭州文史资料》第一辑，果然，在上面找到了"荐桥洋楼"1865年由上海方某来杭建造的记载。

次日《杭州日报》下午版头版首发了荐桥洋楼可能即将被爆破的消息，并公布了两幢古建筑的百岁年龄。中午，我拿着刚刚印好的报纸赶到指挥部参加新闻发布会，会议还是公布了洋楼爆破的决定。

事实上，关于要不要保这两幢杭城古建筑的问题，一直在社会上争论不休。现在想想，那是一个对城市化进程寄予太多热望的年代，那时的我们对"新"的渴望实在是太强烈了，便忽略了那些代表着过去记忆、传统文化的老物件、老建筑的价值。现在想来，"荐桥洋楼"的爆破，实在令人扼腕叹息。

不过话说回来，作为一名记者，以一己之力是无法阻挡一座楼的爆破的，但我的报道真实地记录了历史，能让后来人对当时所经历的事情有所反思，有所体悟，这就已经够让我庆幸的了。

采访组：您写的社会新闻非常受欢迎，能和我们说说您做社会新闻的诀窍吗？

楼时伟：那时候常有人对我说，楼时伟你的社会新闻做得新奇古怪的，我们读报就认你。但说来也没啥绝招，无非就是两个字：出新。

怎么做才能跟别人不一样呢？当然得自己多长心眼，取人之长，补己之短。通俗点说，就是吃着自己碗里的，还得盯着别人锅里的。

1995年3月的一天，余杭的天上掉下三块大小不等的冰块（据目击者言），在农田里砸了三个坑，其中最大的一处直径约1米，深0.5米，其余二处较小。当时有个叫钟公佩的村民觉得这冰大有来头，就把掉下来的冰包起来放在冰箱里面，又嘱咐儿子给电视台打电话爆料。

按理说，普通人不可能有这个意识，偏偏这个钟老伯年轻时是个化学老师，隐隐知道"天上掉冰"是件大事。当晚7点，杭州电视台《明珠新闻》播出了这条新闻，我一看，吃醋了！这条新闻我们怎么不知道呢？

我不能干等着它重播。那时候电视不像现在有回放功能，《明珠新闻》要到晚上9点才重播。我整理了一下思路，开始了下一步工作。

那时候，我仅有的采访工具就是一只微型索尼录音机。我把录音机换上了新电池。我想起南京天文台有个著名天文专家叫王思潮，早一年的中秋节，我曾电话采访过他。幸好我有收藏采访本的习惯，一阵忙乱寻找，我从一个采访本上找到了王思潮家里的电话号码。

我马上拨通王思潮家电话，把事情来龙去脉说了一遍，他听了以后很兴奋。后来，我把《明珠新闻》重播时录的音放给他听，请他发表看法。他说，陨冰的相关研究是一个国际性的攻坚项目，如果这块冰能确定是陨冰的话，那是个重大发现，但现在说它是陨冰还为时过早，还要经过一系列严格的科学鉴定才行。他这个话里面有一个暗示，他必须要拿到这块冰的样本才行。

电视新闻关注的是现场，但是没采访到专家，这是那条抢眼新闻的美中不足。对我来说，找到专家了，人家饭碗里的肉已经抢了一半过来了。那么接下去的新闻该怎么做？

于是，我把天文专家对这块冰的看法写在了我的新闻稿上，并连夜与新闻部主任策划接下去的报道。根据紫金山天文台方面需要冰的实样来证实陨冰的意思，当晚我就打电话给五丰冷食公司的老总，希望他们能派冷藏车去南京送冰块。老总心领神会，第二天一早，他们公司的车到杭报门口接上我后，就直接开到了钟公佩所在的村子里，把那几块冰塞到冷藏车里。我们的这番操作急煞《明珠新闻》同行，他们风一般地赶到五丰公司，与我们会合后一起去南京采访。

冰被送到南京后，紫金山天文台发布新闻，确认了余杭陨冰的五大特征。

陨冰坠落余杭第二天，楼时伟去实地勘察采访

历时一年半后，样本又被送往北京中科院，中科院与北京高能物理研究所合作进行测试分析，第一阶段的攻关就有了重大发现。这组报道，我前后整整跟踪了4年。正如王思潮先生所说，读者希望给这块冰一锤定音，但科学研究是严谨的，正因为它的研究是个世界难题，更需要时间来攻克。事后回看，围绕陨冰的新闻，可以说是后发制人。

还有一个例子。早年，杭州没有出租车，三轮车是老弱妇孺出行的宝。特别是晚上，孕妇生孩子，三轮车可是能派上大用场的。1993年，记得是学雷锋月的一天，我路过大学路，看到有工人在马路边安装了一只红灯，写着"三轮车24小时服务"。那位工人师傅姓孙，他告诉我，这是他所在的车队学雷锋提供的便民服务，想把当年的"深夜红灯"恢复起来。我敏锐地感觉到，这是一条新闻，于是现场作了采访，当晚就把稿子发出了。

当时的报社总编恰好住大学路附近，那天晚上他上夜班后回家，也看到了这只十分耀眼的"深夜红灯",他本准备次日交代记者去采访报道,没想到第二天上班到办公室打开自家报纸,《深夜红灯重放光明》赫然入目。"好快!"总编用红笔为这篇报道写了两字评语。

新闻不抢,枉为记者。不过,好新闻有时候也是等出来的。我在 20 世纪 90 年代曾写过一则新闻,是关于下沙七格村附近江面有一条江豚搁浅。事发当天,我接到电话报料后赶到现场已是下午三四点钟,整个江堤上站满了围观的人,杭州城内的媒体能来的几乎都到了,电视台的摄像机对着江边搁浅的那条江豚一阵猛拍,然后纷纷赶回去发稿了。但我没走,为啥?因为我在想:潮汐已过,这条大鱼搁浅在这里怎么才能回到水里去?

不久,渔政部门的工作人员来了,他们请围观村民帮忙,一起将江豚抬回江里。

经过一番协商,村民们抛开劳务费成见,七八个汉子自告奋勇拿来绳子,小心翼翼地把江豚抬回钱塘江,场面很感人。后来,在江边围观的老村民还和我们说起,20 世纪 60 年代初也有这么一条江豚搁浅死了。这个背景非常重要,我把它压在稿件的最后面,凸显了社会对动物的日益重视。第二天,全城媒体都有江豚搁浅的消息,但除了我们以外没有一家报道江豚脱险的过程。因此,我写的这则新闻,不仅仅是猎奇,更展现出社会各界对保护动物的态度了。

前面"抢"来的"深夜红灯"和这条"等"来的"江豚脱险",先后都获得了浙江省好新闻二等奖。

我们报社原副总编李黎,对待下属宽容,但对报道抓得很紧,有时看到同城媒体的新闻后,时不时会过来"敲"一下我们的脑袋,"你们今天这个新闻又漏掉了"。

记得有一次,一些群众把从市场买来的小鱼、泥鳅、黄鳝,还有龟类,特别是巴西龟等拉到西湖去放生。那次场面有点大,很多媒体都去了,但我们没有得到信息。等其他媒体报道出来,李总批评我们漏了新闻,我不服气,还和她理论了一番。第二天早上,我叫了两个记者,一起去断桥边看看那些放生的鱼龟。

这不是开玩笑，也不是因为领导批评了我们去应付，我有我的想法。我们来到断桥边，鱼儿乌龟没见着，倒是看到工作人员划着小船在打捞东西。我们唤他过来询问才得知，昨天放生的很多鱼、蛇、龟类都要捞起来。西湖水域有规定，有些生物不能进入湖区，比如巴西龟，它的繁殖能力非常强，有碍于其他生物生长。此外，由于西湖上有游船，蛇在这个开放水域是不适应的，都要捞起来。

有了这个现场采访后，我们再去了水域管理处了解情况。第二天我们的见报新闻便是以追踪放生后的生物动态为切入点，做了一个科普宣传，又对西湖水域的法规进行了普及。

你看，这一前一后两种报道，新闻的含金量肯定是后一种来得足。后来报社同事开玩笑说，姜到底还是老的辣。

我当年在报社的热线部，每天接触社会上各类人群，说句实话，没点金刚钻，还真揽不了这瓷器活。你看，有拿刀来跟人拼命的，有来了跪你面前的，还有生活极度困难来求助的……要怎么去面对这些人，真是种考验。

不过我总认为，做报道一切出于公心，我不藏私心，自身硬了，别人也就钻不了你的空子。

采访组： 您无论是集报，还是做新闻报道，都很能坚持，这坚持的背后是什么？

楼时伟： 这个可能跟我的个性有关系。做记者，坚持很重要，因为有些报道不是"一锤子买卖"，它的价值可能"功在当代，利在千秋"。

我做过最长的一个报道，历时 12 年。杭州青年路上有个基督教青年会，是 20 世纪 20 年代美国传教士建造的基督教建筑，门口建了一个很高的钟楼。"文革"时期，因为气枪打了钟面，大钟就此停摆，钟楼也随之沉寂了。

1983 年，我那时还只是个业余的新闻爱好者，喜欢"管闲事"，看到大钟后便给它拍了许多照片，送到《经济生活报》。那个时候，媒体的作用真的非常大，这组照片一经刊出，社会反响就很大。之后，钟表店的师傅就主动跟报社联系，说要去修钟，也正是从那会儿开始，这个钟的维修保养就一直有社会力量在参与，我也一直在跟踪报道。

从 1983 年修复至今，这口大钟不辱使命，始终在走。光阴流逝，我也从业余新闻爱好者变身成为报社记者，为这口钟奔走呼吁了多年。每逢新的报道出来，机械厂就主动来维修这个钟，维修师傅一看，哎哟，这个木头么老早好换掉了，弄个铁的又小分量又重，多好；玻璃厂的师傅也来了，说钟面玻璃这点事情就交给他们了，钟表的螺丝，该配的也都配上。

1983年，百年大钟，起死回生

经历百年风雨，基督教青年会旧址已经成为浙江省文物保护单位。青年会的干事非常感谢我，认为媒体的关注对他们的工作贡献非常大。因此，建党100周年的时候，专门请我就关注这口大钟的事写一篇文章，收录在他们的内部纪念册中。

还有一个故事，主角是 100 元钱。这是我的职业生涯中非常值得说的一件事。记得那是中国申办奥运会成功的第二天，一位市民给报社送来了一封信，里面夹着一张 100 元的纸质存单，存单上的存款人写着"邢傲云"。

你拼拼看这个名字，"邢傲云"，是不是有点意思？这封信转到我手上后，我第一反应，应该是和奥运有关。于是赶紧细读下去。原来，这家有一双儿女，很多年前就专门为北京申奥成功在银行存了 100 元钱，准备成功那天献给国家。当时一共存了 8 年，后来存款 8 年到期了，申奥还没成功，家里人就商量这钱到底怎么办。

经过一场家庭会议，全家人一致同意，钱继续存着，不拿出来。因为全家人相信，我们总有一天会申奥成功的。现在，终于等到了这一天，一家人开心地将存单拿给报社，希望能捐给北京 2008 年奥林匹克运动会申办委员会（简称北京奥申委）。

一张奥运存单，寄托着杭城普通市民家庭的奥运梦。我一面寻找这户人家，一面按来信的委托，希望找到途径把这个钱转交给北京奥申委。虽然后来北京奥申委拒绝了个人捐款，但转达了浓浓的感谢之意。

不过，在报道见报后，存单的主人还没有找到，存单也只能暂时存放在报社了。此时，离 2008 年北京奥运会还有 7 年时间。此后我辗转搬了好几次办公室，而这张存单就一直跟着我走"南"闯"北"。

2007 年 8 月，北京奥运会宣传工作正式启动，我翻出这张存单，脑中启动了一个寻找"邢傲云"的策划，希望这对姐弟能跟编辑部取得联系，来说说一家人这么多年的奥运情结。

当然，激动归激动，我也做好了没有结果的准备。我当时提出一个观点，即便真的没找到，我们也可以把新闻报道的点落在"寻找你、我、他"。因为这么多年来，杭州派出了许多建筑工人到北京修造奥运场馆，杭州开展了马拉松长跑等各类体育活动，所有的一切都是为了迎奥运，我们都是"邢傲云"。

没想到，我的运气真是好。等到系列报道的第3篇稿子即将见报时，我突然接到一个小姑娘打来的电话，"我要找楼记者"。

"你是哪个？"

"我就是你们要找的'邢傲云'的女儿。"

"哦，是她女儿！你在哪里上学啊？"我问。

"我在……我不告诉你！要么你猜猜看我在哪里？"我隐约听到旁边有个老人的声音在说："不要说，不要说。"

我转换了话题："那你妈妈是在哪里工作的？"

"我妈妈是市府幼儿园的。"毕竟是孩子嘛，顺口就说出来了。

我紧追不舍："我知道，是那个王老师！"

她脱口而出："不是，我妈妈是陶老师！"哈哈，找了多年，这不就找到了吗！

后来，孩子的外公接了电话，他说："你是楼老师吗？这个报道我们一直都在看，本来是不想说的，结果我外孙女说你们记者很辛苦，台风天还出去采访，现在找我们也很辛苦，于是她说要给你打电话。"

就这样，我意外地找到了"邢傲云"，那张百元"奥运存单"最后也有了归宿，被杭州市体育博物馆作为来自民间的001号体育文献收藏。这个报道效果出奇地好。央视的编导从网上看到这则故事后，赶忙赶来杭州拍摄。

2007年12月1日晚，作为2007年《文明中国》大型电视活动的主力栏目，央视《讲述》在央视一套播出了专题片《001号藏品》。事后，央视编导介绍这个新闻时曾说，发生在杭州的这个故事，像是一坛在酒窖里藏了17年的酒，打开后香气沁人。这个故事蕴藏了"邢傲云"姐弟对国家的祈福，也体现了杭报记者捕捉文明亮点锲而不舍的精神，它折射出来的不仅仅是一个家庭成员的风

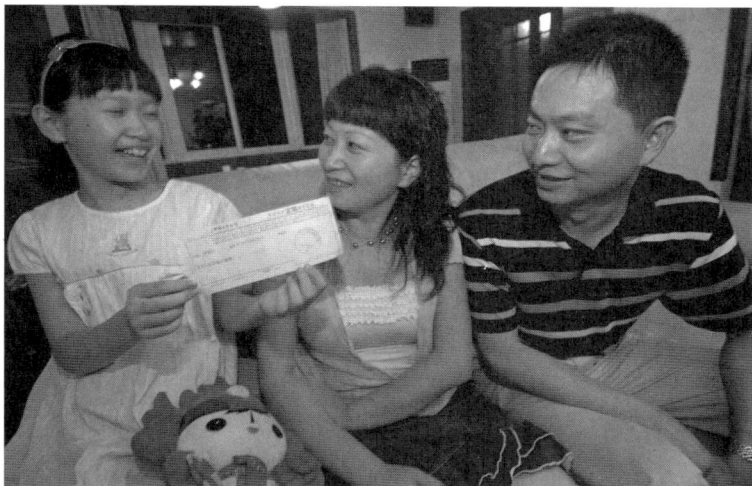

打电话的小女孩和"邢傲云"姐弟

貌，也诠释了一座城市的奥运精神。

采访组：听说您还有一个"多胞胎之父"的美名，我们想听听这背后的故事。

楼时伟：那时我还在市卫生局的健康导报工作，当时，无锡出生了一例四胞胎，全是男孩子，这个消息引起了我的兴趣，我便与杭报的记者一起策划了一个江浙两地"龙凤四胞胎"相聚活动。杭州四胞胎坐着"西子号"列车到无锡，两家四胞胎在无锡会面。这条新闻在国内引起了轰动，众多媒体进行了转发。此后，我便常年关注多胞胎这一特殊群体，也挖掘了很多相关新闻。

还有一年，余杭一户农家诞下三男三胞胎，产妇是云南人，嫁给了当地的一位普通农民，生活很困难。当时刚刚起步的营养米粉生产企业——贝因美[①]找到我，希望给这户农家送 3 年的米粉作为资助，我便做了报道。之后，我通过报道，陆续帮助了杭州好几户多胞胎家庭，并在全国范围内寻找多胞胎家庭

① 贝因美：公司初创于 1992 年。1999 年成立贝因美股份有限公司。

1992年，楼时伟与无锡、杭州两地的"龙凤四胞胎"在杭州合影

进行持续关注报道。多年下来，我和140多户三胞胎家庭，40多户四、五、六胞胎家庭取得了联系。

我曾跟贝因美公司有个约定，我来找全国的多胞胎家庭，他们免费资助两年的米粉或奶粉。在寻找多胞胎家庭的过程中，有两件事情比较有意义。

记得是20世纪90年代末的时候，山东《淄博日报》曾发过一个消息，说当地诞生了两户四胞胎家庭。我就给报社社长写了封信，说我们杭州有家企业可以资助这两个家庭，希望报社能把这个信息告诉他们。社长收到我的信后很快派记者跑去这两户人家。其中一户人家寄来了四胞胎的照片、出生证明等资料，我很快便帮助他们落实了有关资助手续。而另一户狄姓人家却迟迟不见动静。

久等不见音讯，我又打电话给社长，社长说："没想到你还盯着不放，我们都不好意思告诉你，对方对你不信任，说你是骗子。"原来，虽然他们的记者带着我的信跑到姓狄的这户人家进行了说明，但他们觉得天上怎么可能掉馅饼？

坚决不信。

好吧，那就不勉强。结果没过多久，狄姓四胞胎的父亲突然把四胞胎的照片和有关资料寄过来了。一问原来是他看到另外一户四胞胎已经吃上了杭州企业资助的奶粉了，这才相信。我马上帮他们办好资助手续，这几个孩子也很快吃上了资助的奶粉。

那时，通讯没现在这么发达，多胞胎的信息基本是从报纸上了解的。好在我在全国各地有很多集报时交到的朋友，可以在很短的时间内得到消息。我一般获得信息后，就通过报社或街道社区取得地址，再一一写信。

我记得山东有一户人家生了四胞胎，是当地的一个科技报刊登的消息，两三年间，我写了不下 10 封信，都石沉大海，没有任何回音。有一天，我突然收到对方的回信。看了这封回信，让我十分内疚，信中说："时伟同志，你这么多年来写的信我们全都收到了，很遗憾，孩子出生不久都先后夭折了，没有留下什么照片。"我赶紧给他们写信赔礼道歉。

与多胞胎家庭打交道的故事，三天三夜都说不完，我最初只是觉得有兴趣，后来和他们交道打多了，才发现，做报道其实是次要的，有能力帮帮他们才是我要尽的责任。

杭州有个孙姓三胞胎家庭，孩子的爸爸一直很感激我，我们也成了朋友，前段时间还专门来看我。1998 年，三胞胎刚出生时像三只小猫，放在保温箱里，高额的医疗费用让这个从宁波来杭务工的普通家庭走投无路。我得到信息是那天晚上十一点半，次日一早，我就直接赶到杭州市红十字会医院去看望，当天就发稿向社会求助。当然杭州其他多家媒体也做了报道。

后来杭州的爱心人士纷纷捐助，加上夫妇俩自强不息，终于顺利渡过了难关。他们家三个孩子的名字也是我给取的：孙忆、孙杭、孙州，连起来是"忆杭州"，不忘杭州的好心人。如今，两个儿子从体院毕业，都在杭州做体育老师，女儿则正在准备考研。

采访组：您一直都积极参与社会公益和慈善事业，能和我们说说背后的想法和故事吗？

楼时伟：做记者这么多年，做了不少慈善报道，也做了不少社会公益。我知道，报道可以改变很多人的命运和人生。杭州有个男孩子，当年被人贩子拐骗走了，我通过 4 个月的跟踪报道，把他找回来了，现在他早就大学毕业，结婚生子了。他还带着老婆儿子来看过我。

新闻报道的作用，不光在于针砭时弊，弘扬正气，也要为底层百姓说话、服务。社会上有很多人热心于慈善和社会公益，我觉得将这些善事搬上报纸，能让善倍增，让善扩大。比如当年杭州城里的援助孤儿的报道。

1993 年，我写了篇《叔叔，我要读书》，说的是杭州市儿童福利院的肢残孤儿丁豪，过了大学分数线，因费用问题，没能上大学读书。我去采访了，报道刊登后，引发了杭城一场声势浩大的"援助孤儿大行动"，社会上的爱心企业和爱心人士纷纷为孤儿捐款，最后成立了一个杭州市关爱孤儿基金会。

这个长期帮助孤儿的慈善组织坚持了很多年，直到我退休，它还在默默地资助孤儿。

楼时伟在杭州市儿童福利院采访孤儿丁豪

应基金会法人之邀，退休后我在这个基金会担任秘书长职务，为孩子们服务。2022年在册的孤儿有120人。这些孩子有的从小就失去了父母；也有的是父母一方过世，一方离家出走；还有一些父母同时犯罪，在监狱服刑。他们不仅需要政府政策上的照顾，也需要社会组织给予资助。特别是近几年，我们除了在经济上资助，工作重心更放在关心这些孩子的精神状态上。我每天都坐班，有着做不完的事情。

2022年8月，《杭州日报》报道了我们基金会连续资助5年的一名孤儿以669分的成绩考上了浙江大学。孩子也很懂得感恩，对我说了很多感谢的话。其实，这就是我们工作的意义。

采访组：我们非常希望能得到您对我们这些后辈新闻人的寄语和建议。

楼时伟：我觉得年轻人既然爱上或读上了这个专业，就一定要把本事学好，一行有一行的门道，新闻专业，光有文字基础远远不够，它需要有职业敏感性，要听得懂百姓的话，吃得起跑基层的苦，最重要的是要有一颗服务百姓的心。有人以为现在是自媒体时代，拍个视频，做个空头空脑的标题，随便拖个文章就可以发出去了，这是很不负责任的表现，也是不长久的，我们一定要专业。

还有，一个人干上一行以后，你一定要找出你自己的优势。我一直相信，技术一定要练好，本事一定要过硬，有本事在，无论外面如何变化，我们都能适应各种各样的变化。

时间过去很久了，但我至今仍没忘记我们部门曾经做过的关于记者下基层的系列报道：《生老病死，人生的四个阶段》。

"生"这个点，当时我们安排了记者冯国容前往省妇保的产房采访，她是个很有个性的人。当天傍晚，她采访后回来了，我说：怎么样？有感觉吗？一开始她说不想写了，把她看到产妇生产过程中一些吓着她的场景说给我听。那时候她还没结婚，还说"我这辈子不想生孩子了"——结果后来她生了三个。那天，我就一边逼她，一边帮她梳理内容，直到她慢慢回过神来，有了感觉，才动了笔。到半夜稿子完成，第二天这篇稿子以系列报道的开篇见了报。

"老"的部分，交给记者冯鲁文。因为我那时候经常跑民政，就安排她到敬老院去。她说她可以给老奶奶梳头剪指甲。我说不行，你太不了解敬老院了。我说，要么你给老人换尿布去，要么你问一下院长能够做什么，总之一定要为老人做点实事。她就去问院长。院长是个女的，说有几个老太太很长时间没洗屁股了，你要么给她们洗屁股？这个冯记者人很实在，就去洗了，有了这些经历，最后稿子还写得挺好的。

"病"这个点由记者葛婷婷去采。我说你就到杭州市第七人民医院找院长去，马上就去。下午回来的时候，小葛拿了一个钥匙板，上面是六把铜钥匙，还有一套护士服，她穿起来就像一个小护士。第二天早上，她早早就到医院住院部上班，跟着医生一个门一个门开进去查看病人状况。最精彩的是，她在得到医生的允许后，跟一个男患者跳起了舞，这个镜头被跟去的摄影记者拍摄下来，配发在文章上，效果很好。

"死"这个点，交给两个男记者，我说你们到殡仪馆去体验采访。他们被殡仪馆分配去跟接尸车。当天跑了两趟，听他们自己说，这是他们人生中记忆最深刻的一天。

这组报道刊登后，报社的大众热线接到很多读者的电话，表示赞扬，市委宣传部也评报表扬记者下基层写出了好文章。所以我说，记者就得像个记者的样子，做出来的报道要生动接地气。当记者的魅力就在这里，你只有做了，才能体会到那种成就感。

莫小米：我找题材是"雁过拔毛，贼不走空"

采 访 组：赵玥、曹涵琦、毛珮瑶、郭嘉

采访时间：2022 年 9 月 20 日

采访地点：莫小米宅

莫小米，1951 年生，浙江杭州人。1983 年进杭州日报工作，先后担任《西湖副刊》《西湖周末》等栏目编辑。主持《倾听·人生》栏目①期间获中国新闻奖一等奖、三等奖。自 20 世纪 80 年代开始写作，系中国作家协会会员，著有《左手握右手》《在沙发的怀里》《直接回家》《她视界：在无意间》《远走高飞的女人》《岁月的智力游戏》《莫小米自选集（三册）》等文集十余种。写作散文、随笔、小小说数千篇，先后在全国多家日报、晚报等开设专栏，文章经常被《读者》《青年文摘》《杂文选刊》《小小说选刊》《故事会》等转载。

---

① 《倾听·人生》栏目创办于 2000 年 1 月，以"深耕本土，面向全国，小人物的故事，大时代的光芒"为主旨。截至 2022 年底，已刊发了 1000 多个人物故事。

采访组：莫老师您好，特别高兴您能接受采访，请先介绍一下您的职业经历。

莫小米：大家好，我是莫小米。我是"老三届"的，这离你们已经很遥远了。我的职业经历非常简单。1968年，我初二，辍学下乡到萧山农村，1971年回杭州以后就在一家文具店工作。在那个物质匮乏的年代，我的很多同龄人当时都还在农村，有的甚至远在黑龙江，人们觉得一个小姑娘能够在繁华地段的商店里工作已经很好了。但我就是有些不太甘心，觉得做营业员不是我喜欢的。因为书读得少，我就拼命东学西学，在这一过程中接触到了杭州日报的老师，打开了眼界。

16岁的莫小米

　　我在商店一共工作了13年，后来1983年杭报招聘，我很幸运地考上了。那个时候杭报招聘有几条硬杠子，一是35岁以下，二是有大专学历或在读，我当时正好在读电大的汉语言文学类，还有一条是原先在全民所有制单位工作。我当时正好符合了这三条杠子，才得以参加招聘考试。考上以后我就非常安心地在杭报工作。这份工作是我喜欢的，是我想做的事。

　　1990年前后有个下海潮，不少报社同仁随着热潮下海掘金。当时我挺笃定的，认为自己不适合下海，还是在报社工作比较好，就一直做到了退休。

　　采访组：刚入报社工作，您印象深刻的经历是什么？

　　莫小米：我们当时考进去有30个人，来自各行各业，大都是"文革"时期辍学的年轻人，一个个激情澎湃，摩拳擦掌，想要大显身手。我刚刚从商店到报社当然是非常开心的，因为环境和周围的人都不一样了，尤其是报社老师，他们学识渊博。

　　报社办了一个欢迎我们的联欢会，我们这群人出了很多节目，唱歌、表演、诗朗诵等。当时他们暗地里说，这些人怎么就像从牢里放出来一样，好像不知道社会上是个什么情况，至于那么激动，那么兴奋吗？

　　相比我们，老师们则是小心翼翼的，或者用词再重一点，就是有点战战兢兢的，他们都是刚从"文革"走过来的人。"文革"的时候，我年纪还小，虽然家庭也受了冲击，但毕竟是不深的。而新闻单位是"文革"时期受冲击最严重的地方之一。我们的老师有些被弄到乡下去，有些是右派刚刚摘帽。他们常对我们说："你们这样张狂，可不要闯祸。"

　　我记得很清楚，一次去做采访时，我自称记者，老师说："你还是尽量不要称记者，因为你还在实习，还没有当记者。"所以在党的喉舌机构工作要非常谨慎小心，这给当时的我留下了最深刻的印象。

初到杭报，文体副刊部合影（右二为莫小米）

采访组：接手《倾听·人生》（简称《倾听》）之前，您主要的工作经历是什么？

莫小米：我之前主要是做各种各样的副刊，编过小说散文，也处理过一年的群众来信，还值过夜班，做过校对。

大约 1990 年，全国报刊兴起了"周末风"，差不多每张报纸都办周末版。周末版就是周末出一张 8 个版的报纸，休闲性、娱乐性比较强。第一版是重头稿，新闻特写类的，还有各种各样的比如家庭版、专门刊登一些翻译文章的译文版等。我在周末版做的是大特写版。可以说做大特写版那 8 年，是我后来做《倾听》的一个前期历练。大特写写的是当下的事，比如 1988 年上海甲肝大流行，还有当时各种社会热点。

后来我又回到了副刊部。那时副刊部的版面还非常多，我做了一个叫《名家特稿》的专栏，致力于搜罗活跃于全国各地的名家特稿，如李国文、毕淑敏、刘心武、冯骥才、蒋子龙、陈村、赵丽宏、陆星儿、方方、池莉、张抗抗等。我们会在这些名家特稿下面配一些小说、散文、诗歌之类的，是典型的文学副刊。我做得蛮开心，因为这也是我喜欢的。

也就是在那个时候，我自己的稿子也逐渐在全国的报纸副刊上刊登了。从一开始只在《杭州日报》发发，后来发到《新民晚报》去，之后又被《读者》转载，这样我的文章就一下子走向全国了，开了很多专栏，美国和澳大利亚的华文报纸也有转载。

1996年我出了第一本集子，叫《在沙发的怀里》。当时我的这些小稿子就变得好像很多报纸都很需要。那时我写过一篇文章，说自己是捡了一个很大的便宜，因为那段时间报纸扩版了，要用各种稿子来填，填到后来有个小空缺，我这几百个字的小稿子正好应景。再加上那段时间人们都很忙，没心思看大文章了，比如说人们在等电话的时候，正好有一篇小文章，就顺手看了。

到现在，我一共出过十几本散文随笔集。

莫小米出版的部分书籍

采访组：《倾听》栏目推出时您的想法是怎样的？

莫小米：我做《倾听》栏目时其实已经快退休了。前面提到，我大部分时间都是在副刊部，最开始我对副刊的理解就是诗歌、小说、散文，相当于是文学副刊。

进入 21 世纪，副刊慢慢地走下坡路了，我们就开始改版，做了一些比较贴近社会的栏目，包括 2000 年推出的《倾听》。那个时候口述实录的文体已经到处都是了，开始是《北京青年报》的一个栏目《当代中国隐私口述实录情感状

2000 年，《倾听》栏目创办首期

态个案调查》，因为这个内容吸引眼球，结果大家都弄，到后来没那么多人愿意说自己的隐私，就有些编编造造，有点做滥了。

我们推出这个口述实录栏目，不是以隐私为卖点，我们的宗旨是：对人的终极关怀和挖掘时代大背景中的个体命运。因为那时正好处在变化很大的时期，人的生活方式和社会形势有很多和以前不同的东西。

比如一个个体户，跑到另一个城市去生活，开始变得完全有可能；一个人也不一定要在一个单位混到老。这些都和以前的社会状况有很大的不同。所以我们在那时候做这个栏目也可以说是应运而生，想去记录时代的变化和变化中的个体命运。

《倾听》的第一任编辑戎国彭，是杭州大学新闻系毕业的。他很有想法，选题材非常严谨，特别重视要以口语的形式来表达。口语化表达不仅仅是换个第一人称"我"就可以了，而是一种完全不同的、个性化的表达。

给你们说个例子。我们报社有一个资深记者，她的父母当年都是地下工作者，经常需要躲来躲去，有时候就躲在老乡家的地窖里，甚至她妈妈生她哥哥的时候都是生在田埂边的，经历很丰富。后来她妈妈写了个回忆录，她就拿来给我看。

她说："我觉得我妈妈写的这个题材蛮好的，你看看，我又改了一稿。"我把两稿都看了，虽然同事改的那稿文笔更顺畅立意也更高，最后用的却是她母亲的原稿，因为我同事是跑一线做头版、二版新闻的，她改过的稿子有点像头版的人物通讯，而《倾听》要保住叙述中原汁原味的东西，从而表现出她母亲的性格和当时的情绪情感，一个老革命的形象才能够活生生地显现在我的面前和读者的面前，这才是《倾听》的基本文体。

可以再举一个例子。这篇文章不是《倾听》的，但很能代表后来我做《倾听》的理念。

20世纪末的时候，我们采访了浙江武康疗养院（现浙江省皮肤病防治研究所），这是我国最早的麻风病院之一。麻风病现在比较少见，新中国成立初期还是蛮多的。因为麻风病是一种传染病，从前医疗条件差，得了麻风病的人都会被送到山上，找一间小屋子或者一个山洞让病人住里边，每天有人把饭放在门口，直到病故。麻风病的症状到最后是神经末梢都烂掉了，失明的、鼻子烂掉的、手脚都变成了一个肉团的，很惨。所以我去采访的时候，初见到那些人，视觉上是很受冲击的。

去麻风病院的路上风景很好，两边秀竹万竿。一条小路进去，越走越没人，村庄也没有，一直走到竹林深处，就是麻风病院。那些病人就老死在那里，也有男女结婚做伴的。

采访完病人后，又采访医护人员。这些医护人员生活在山旮旯里，一没名，二没利，三没社交，第四还有被传染的可能性，社会上的人看他们就跟看麻风病人是一样的。他们生下小孩就交给祖辈去带，很长时间都不见。

那所麻风病院是20世纪50年代建的，据说前后总共分配过去800多位医生护士，最后留下来的只有几十个，但是他们热爱这个工作，病人说起他们的时候都含着眼泪。

看到这样的情景，我虽然感动，但还是想再挖一下更深层次的东西，我对那些医生和护士说："你们能做到这样，在我们看来，你们的精神很崇高啊。"其实是挖了个坑，做记者有时候也要使点小坏。

听我这么一说，他们脸色全都变了，说："谁崇高了！只不过我们比不过人家有路，比不过人家有本事，他们能走的全部都走了。有些是考研生走了，有女孩子嫁人走了，有的当官了，有的托路子调走。分配的时候我们也是最没路的，成分好的、成绩好的、家里有路的，谁会到我们麻风病院来？都是在好的大医院，差一点的到传染病院，再差的到精神病院，最差的到麻风病院。"

但是他们最后有一句话让我很感动："既然留下来，就要好好干。他们（病人）已经够不幸了，我们难道再把情绪转嫁给他们？"

当我采访到这一点，觉得有了一些深度，比光是歌颂他们崇高要好得多。后来我在写的时候，就把这些写了进去，我说："在舒适太平的日子里，谁愿意崇高？总是碰到灾难、疾病、战争，才会有崇高冒出来。平心而论，谁会喜欢这种苦难和危险，谁不愿意远离灾祸，可是真的无法避开的时候总得有人崇高。修炼出来的崇高也许是更崇高，但是我总觉得有点做作，崇高也可以预谋吗？我觉得比起来，被迫的崇高也是挺感人的，因为它是实实在在的。"

这篇文章叫《走近麻风村》，发表后反响很好。尤其最后采访到关于崇高不崇高的话题，我自己比较满意，因为这是真实的想法，真实的人。我们《倾听》就是这样，采访要尽可能深入。刚才讲到的，有一个采访技巧在里面，你如果一开始就这么说，他们不会理你的，要在前面做很多的铺垫，有很多的交流，让他们觉得你非常理解他们，很贴心，然后再说出这些话，他们就会把情绪爆发出来。

后来我还写过一篇小文章，就叫《被迫崇高》。

采访组：您主持《倾听》栏目十几年，经手过 500 多个人物的访谈、文章的写作与编辑，给您留下印象最深的是哪个人物？

莫小米：有一个人我印象最深。这个人是 20 世纪 50 年代的大学生，浙江人，家庭出身也好，毕业以后分配当了公务员，本应是个前途无量的年轻人。他们单位要派好几个新员工到南京去培训，领导信任他，让他做领队，并在出发前一晚把一叠档案交给他随身带。他一看，档案袋的口子并没有封死。

他想，我看一看自己的档案。结果一看，就像被五雷轰顶了，里面写了什么呢？"该同学学习不认真，阶级觉悟低，思想落后，表现不好，自由散漫……"下面落款是"中国共产主义青年团某某学校工作委员会"，竟然是团委给他的一个退团鉴定。

怎么会是这样呢！他心里一下子就乱掉了：鉴定里有这么一张反面鉴定，我以后怎么做人？我不是这样的人，这是怎么回事？谁整我呢？

之后就去了南京，他也不敢说自己看过档案了，整个培训过程都迷迷糊糊的。

回到单位以后，他把单位对他的任何好或者不好，都跟鉴定联系起来：加工资他没加到，他想肯定跟鉴定有关；领导派他去做一个什么重要工作，他想鉴定还是不一定起关键作用的。后来他就很后悔：要是当初没看这个鉴定就好了。这个鉴定就像一座山一样，压在他心上。

我这个故事讲了以后，你们年轻人可能不太听得明白，档案鉴定现在似乎是不太重要了，但在当年是非常重要的。你到任何地方都要调档案，首先看你的档案如何，然后再决定如何安排。

后来这个人因为一直有这么一件事压着他，一直浑浑噩噩，有一次到小卖部去买东西，鬼使神差地拿了几块毛巾，没有付钱就出来了，被当场抓住，抓住以后叫单位来领，他想这下彻底完了。现在回想起来，他当时可能是有点抑郁。

这时候又正好碰上机构精简，单位需要裁员，被"精简"之后不是留在家里，而是整家迁到农村去。他想他在单位里也完了，看不到前途，于是就报名带着妻子孩子都去农村了。这一去农村，包括孩子教育之类各方面都受到影响，应该说影响了他一家两代人。

当时农村非常缺少文化人，他是有文化的大学生，其实也是可以有点作为的，比如帮小队里算算账。那段时间里他也的确有过不少机会，比如说要调他当教师，或者是县里想请他到会计辅导站工作，都被他婉言拒绝了，为什么呢？他怕调档，调到县里的单位去就要调档，他想档案越少人知道越好。就这样在农村过了一辈子，他一想到档案就像掉进了无底深渊。

他后来才知道，档案这个事仅仅是一个团干部失恋以后的恶作剧。

到了 21 世纪，他的大学同学搞同学会，找来找去，就是找不到他。到他原来的单位去问，才知道他在农村。过去与他最要好的同学就去跟他联系，请他来同学会。反正这时候已经退休了，他就来了，来了以后大家都不解，你当初这么优秀一个人，为什么会变成现在这个样子？

后来他就写了一封长信给他关系最好的那个同学，他那个同学是比较喜欢

《倾听》的，就把这封长信拿来给我看，看了以后我说我想做这个题材，他说你自己去动员他。我在电话里动员了很久，但那时候他在农村已经比较"岁月静好"了，所以不想旧事重提。

我就劝他说，我想让今天的年轻人知道，当初的档案和鉴定是怎样把一个活生生的人给框死了，还说文章可以隐去人名、地名、单位名。磨了很多嘴皮，他终于同意了，我就在他那封长信的基础上再对他做了一些采访。文章标题就叫《逃离鉴定》。见报以后，他跟我说："我是长出了一口气，很多隐秘的、一辈子都藏在心底的话，我都跟你说了。"

后来每逢春节，他都要带领着一家老小三代人到杭州来感谢我，带一点土货、一张贺卡，坐一会儿。

我觉得做《倾听》让我得到了太多的信任，以及人和人真心交流的机会，在当下社会，这些都弥足珍贵，让我很感动。

采访组：您做《倾听》时采访过很多人物，为什么这个人物是您印象最深的？

莫小米：因为这个人的故事反映了一段独特的历史，以及那段历史带给一个人的特殊烙印，这是很有意义的。

当时大家就是那么重视鉴定上的一句话。像我在商店工作的时候，有个同事爱唱苏联歌曲如《山楂树》《喀秋莎》等，我们团支书就在退团鉴定上给她写上"要抵制资产阶级思想"，其实团支书不太懂这些歌曲，只觉得外国歌都是资产阶级的。后来我同事跟她的老公两个人就到商店里去吵，说"你要把这句话给我换掉"。所以我选择这篇《逃离鉴定》是因为它具有鲜明的时代特征，很能代表当年的一段历史。

我们做的其实有很多都是还历史一个真相，当然每个人的记忆都可能有偏差，所以在采访的时候，我们特别注重真实性，要多跟被采访者聊细节，等聊到细节的时候，有些事情就很难瞎扯了。

我们重新讲出这段历史，是想让年轻人知道当年的社会环境是怎样的。我觉得《倾听》做这些东西都特别有意义，因为这些东西现在报纸的其他版块很少能反映，而且我们版面又比较大，有六七千字可以完整地讲清楚来龙去脉。

采访组：《倾听》拿遍省市乃至全国的新闻奖，成为有口皆碑的名专栏。请和我们分享其中的精彩故事，并和我们说说，您认为这个常青栏目的魅力是什么？

莫小米：我先讲一下《倾听》栏目的文章两次获中国新闻奖的故事，其中一篇获得了第十九届中国新闻奖报刊副刊类的一等奖，这个是非常不容易的。这篇作品是《一九八零，四位新华社记者的西行漫记》，讲的是 30 年前 4 位新华社中青年记者到西北农村调查，探讨治贫致富的良策。他们跨越了 4 个省 39 个县，所做的调查为党中央全面开展农村包产到户的重大决策起到了关键作用。新华社原社长穆青，评价这份内参为中国农村改革历史的真实记录，是国家档案馆中也难以找到的宝贵资料。

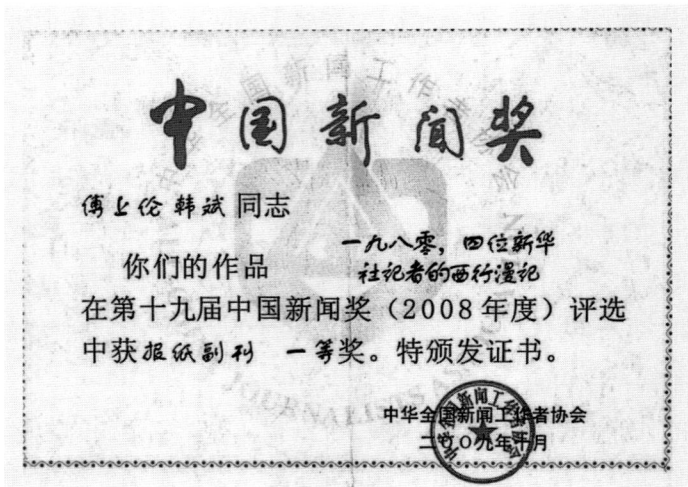

中国新闻奖奖状

这篇文章的参与者之一傅上伦，文章发表时是浙江日报的副总编。当年他们 4 位西行记者发表的近 6 万字内参，其中一半是由傅上伦先生执笔的。

据傅老师回忆，当年中央已经有要改变农村贫困状况的想法了，新华社就派记者到西北部这些最贫穷的地方去调查。

当时陕西省榆林县（今榆林市榆阳区）有大量沙漠化区域，年年治沙不见林。20 世纪 70 年代末，榆林县政府做出一项决定，治沙区可以划给每户社员 5 到 10 亩荒沙地，植树造林，谁种谁有。几个记者就立刻发了一篇《榆林县划给沙区社员荒地植树种草》，这篇短新闻发布后，陕西省委办公厅就打电话下去了：榆林县到底有没有这事？如果有，要立即停止。

那个时候，受几十年"宁种社会主义的草，不长资本主义的苗"思想的束缚，领导干部放不开手脚，当时榆林县的这种做法遭到了极大的阻力。

当时六盘山区固原县（今固原市原州区）也非常穷，当地推行了与榆林县类似的"定产到田、责任到户"政策。新华社总社马上又派记者下去走访，就是傅老师一行。他们去之前穆青跟他们说：斯诺的《西行漫记》、范长江的《中国西北角》，为什么过了几十年，至今读来仍然震撼人心？就是因为他们真实记录了大量事实。他们当时发的新闻今天成了历史，你们这次调查，今天看是新闻，明天可能就是历史，所以你们一定要有时代的责任感，不要只是单纯完成任务。

他们下去之后跑了 20 多个大大小小的生产队大队、小队，调查黄土高原上放宽政策的问题，写了很多文章。

傅老师记得很清楚，西部的山里有一个生产队，离县城有 90 多里路，那时候没有任何交通工具，记者过去调查就是靠走，才走一半，一天就过去了。当晚傅老师发高烧进不去了，要返回治疗。结果有个叫白季峁的生产队，他们知道北京的记者来了，就举着火把一路把记者迎到他们住的地方，跪下来说："请北京来的记者来看看我们的情况。"他们有 4 个小伙子是用担架把傅老师抬进去的。

　　傅老师感慨道：我心里明白，不是我本人有多珍贵，他们是盼望着中央给个好政策。

　　他们采访完后回县城写了调查的情况，那时候还没有长途电话，断断续续的手摇电话信号也不好，他们就用这种手摇电话打到新华社总部汇报，总部听了几句后，说这个很重要，中央正在制定政策，你们这是很好的例子，你们不要写稿了，就一句一句口头传过来。他们大概传了500多个字的稿子，到了总社以后，立即被整理为一篇内参，发送给中央。

　　总社叫他们原地待命，等有消息来了，马上再去做大的文章。他们原地等了几天没有回音，就又往山里去了。结果走到半路他们看见了警车，觉得很奇怪，怎么这么荒僻的地方有警车？原来是中央首长来了，甚至来不及叫他们再写大文章，首长就亲自下来调研了。

　　这段故事，是傅老师来给《倾听》的作者讲课时提及的，听完以后，我们发现还有这么好的一段故事，之后每次碰到傅老师都要软磨硬泡，说你为我们《倾听》写一篇吧，一定是当中最高级的一篇。但是以傅老师的资历和定力，我们这些小编辑都是瞎忙，他说：时候到了，我一定会给你们的。果然，有一天他跟我们说，愿意把这些东西给我们了。那时正逢改革开放30周年，再也没比这更好的时机了。

　　这么一篇文章经过我们的软磨硬泡得到了，赶在第十一届三中全会30周年前发表。见报的第二天，我们到傅老师家去把报纸拿给他看。《倾听》每一篇文章都要配一篇"读稿人语"，是统一由我写的，这篇报道的"读稿人语"《被历史选择的记者》，内容出自穆青讲的那一段话。当时傅老师看了很满意，他说："'读稿人语'写得很好，你说到我心里去了。"遗憾的是，大概一天以后，傅老师因病去世，我们去医院看望了一次，竟是最后一面了。

　　这篇文章，最后能得到中国新闻奖一等奖，是很不容易的，在杭报历史上是首次。

　　我们还有一篇文章得了中国新闻奖三等奖，题目叫《钟点工》，内容讲的是家政服务行业，也是改革开放以后的一个典型事例。

做这个选题的时候，家政服务行业正蓬勃发展，许多下岗女工成了家政业的主力军。我们最初找到的是当时杭州最大的一家家政公司——三替公司的老总，她本身是个下岗女工，组建公司后，把市场需求和劳动力供给两端挂上钩，让很多下岗女工有了出路。但我们最终没有选择她，因为下岗女工当中没有几个是当老总的，不够典型。后来大概花了半年时间，我们寻找到了一个普通女工。她从最初的下岗女工变成了钟点工，刚从业时偷偷摸摸怕被人知道，觉得非常丢人，到后来为了做钟点工，爱面子的老公都跟她离婚了。她就理直气壮地做钟点工，而且做得非常好，又因为当钟点工找到了相爱相伴的人。

表面上看，钟点工是一份不起眼的工作，但她做钟点工期间也遇到了各种各样的事情。她说，有的人拿着闹钟跟在她身后计时，也有的人拿着保暖拖鞋一定要让她换上。人情冷暖，钟点工体会最深。而且钟点工还有一个特点，一般家庭的卧室都是私密的，别人进不去，但是钟点工可以走到家庭的每一个角落，所以钟点工往往知道东家很多秘密和隐私，但是必须要守口如瓶，因为这是她的职业操守。

一个钟点工本身也许没有多大的新闻性，但钟点工是时代的一个水滴，她的命运是这个天翻地覆的改革时代小人物命运的折射，反映了最真切的百姓生活，所以这篇文章最终得了中国新闻奖的三等奖。

这两个题材，一个是西行漫记，一个是钟点工，正好代表了《倾听》的两极——重大的时代题材和时代中的小人物，两种题材我们都可以做，充分表现了我们的深度、广度和题材的包容度。

《倾听》的魅力，除了题材选择，还有一个是真实性。现在文章太多、太"水"，而我们《倾听》致力于做让人看了以后能够想一想，能够留下感悟的东西。

还有，我觉得《倾听》是有成长性的，有些栏目做了 10 年、20 年人家都看腻了，就是因为没有成长，有成长性的话是不会腻的。《倾听》本身在成长，作者在成长，编辑也在成长。

做《倾听》的采访不一定需要年岁很大，但是必须要有一定阅历，这样才能够理解、包容一些东西。

采访组：2022 年 1 月《倾听》推出的《我们的天才儿子》刷爆网络。为什么在信息发达、不缺故事的网络时代，一个来自副刊版面的故事还有如此大的魅力？

莫小米：我觉得《倾听》选择题材的角度是比较"刁"的。

如果一个题材大家都可以做，我们不一定做；有的题材大家抢着做的时候，我们慢慢做，你们先做好了，我们相信可以做到跟你们不一样。

《我们的天才儿子》是一个社会关心的题材，涉及两代人的教育。一个不完美的孩子怎样让他找到自己的位置成功成才，这是大家都很关心的话题。其实一个好的题材，一个好的作品，不在乎在哪个媒体上发布，不在乎是哪个管道输出，就算现在信息爆炸，也仍然是内容为王。我觉得现在一篇文章想要成为爆款，要求会更高，要接受社会各个层面的检验。

采访组：《倾听》整个栏目的运作，特别是作者团队是怎么建起来的？

莫小米：一开始《倾听》的作者是非常难得的，基本上是我们副刊部的人，到后来形成良性循环，越来越多。

比如有些作者特别会写历史题材。有一位作者是政协的公务员，她手里老人素材特别多，她给我们写了不少稿件，选择的题材很好，都是那些有过坎坷后来又处在社会边缘的老人。

还有一个作者当时是建德日报的，叫宋晓红，我非常想说说她。

宋晓红很年轻时就得癌症去世了。她在建德时会写本地有故事的人，语言特别活灵活现。后来她帮我采访了很多人，文章写得非常好，她拿来的稿子我常觉得都不用改，我对她佩服得五体投地，觉得要向她学习。我也经常跟其他

2006年，《倾听》编辑作者业务交流活动

作者说：你们要向宋晓红学习。

她曾经到东北去采访一个当农民的司令员，这个司令员可能是在部队转业的时候心里不大舒服，自己就走了，走了以后在东北种人参，是一个很有故事的人。宋晓红去了之后，山沟沟里没有旅馆，司令员和他的老伴烧了个炕，他说："你就跟我们滚在一个炕上吧。"宋晓红没有任何怨言，说："好。"

我们的作者都非常敬业，也非常热爱《倾听》这个栏目，他们在采访过程中获得了相互信任的感觉，感受到这种人世间少有的真诚的内心交流的快感。

还有一个叫曹晓波，他特别善于把握历史题材和知青题材，因为他曾在北大荒当了10年知青，所以凡是有北大荒的知青题材都是他去写。比如当时有一个知青是比较能干的人，本来在北大荒有很多机会，但他为了把户口调回来就放弃了一切，结果费尽千辛万苦把户口调回之后，却发现户口已经不重要了。这是很讽刺的。这些题材，由曹晓波交流起来就比较顺畅。

再比如记者叶全新曾去采访过一位手语老师，这位老师的主要工作是帮助聋哑犯罪嫌疑人在法庭上做交流。这位手语老师曾在聋哑学校工作，从聋哑学校出来的有些学生后来变成了罪犯。尽管学生在学校里感到了温情，但到了社会上，可能会碰到各种各样的麻烦，生存会有问题，也会碰到一些不良的人，然后走上了犯罪道路。手语老师不仅协助破案，还参与开庭审判、法庭调查等环节，并在证人证词、法庭辩论、自我辩护等环节同步翻译。

叶全新采访得非常细，文章里有一个让我很动容的细节："那些犯罪嫌疑人被带上警车要远去的时候，他都会远远地用眼神跟我（手语老师）告别，这个眼神里包含很多的内容，有感激也有歉意。"手语老师还说，每次做完一个案子，心里没有丝毫的轻松，"就像一块石头压在我身上"，"他那个眼神我久久不会忘记"。这些采访话语都是很到位的。这个题材原本是我们从一份县级报纸上看到的，但那份县级报纸原本写的是"我们来看看手语老师怎么与狡猾的聋哑犯罪嫌疑人斗智斗勇"，而这个立场、角度和采访的深入程度与叶全新的稿子是完全不一样的。

后来我们的作者队伍一步步壮大，越来越多。我有一张照片，是我们作者的合影，很多年前拍的，现在照片上的很多人已经去世了。

傅上伦（前排左二）为《倾听》编辑作者讲课传经

采访组: 你们是如何让这些来自不同作者的作品达到你们的要求的? 我觉得这是不容易的。

莫小米: 是挺不容易的。一开始有些文章要来回修改好几次, 有的我们自己去补充采访, 也有的时候我们打电话采访, 甚至再重新采访一次。但这些作者发展到后来我们就很放心了, 他们写出来的文章基本上符合要求。其实这也是他们不断成长的过程。

像宋晓红本身就是个记者, 很多东西她自己会把握的。再如曹晓波, 他本身非常注重真实性, 他说: "我如果写错了要变成历史罪人的, 人家要上网查的。"他查史料的功夫甚至花得比我还多。

采访组: 您主持《倾听》栏目十几年, 并使它成长为一个名专栏, 背后肯定有许多不为人知的付出。您能谈谈这段经历中碰到的困难吗?

莫小米: 这个过程中确实遇到过不少困难。比如有的采访对象开始很想说, 真的去采访时, 又有些反悔, 不想说了; 有的等稿子写完了, 他还不想发, 很费口舌的, 我只能拼命地动员, 因为我要对得起作者。

《倾听》的采访对记者交流沟通的能力要求比较高。有时候我下班刚出杭报大门, 本来是要去菜场买菜回家做晚饭的, 结果采访对象一个电话打进来, 我就聊着电话一直走到了家里, 一直走到楼上, 电话挂了, 才想起来没买菜。

晚上我是不关机的, 因为我觉得晚上的时间特别珍贵, 那时候来电话的人都可能是想敞开来说话的人。有时候家里人都睡觉了, 我还在接采访对象的电话。

采访过程中我们也会遇到各种各样的困难。比如我们报社有一个记者叫韩斌, 现在是副刊部的主任, 曾采访过一个亲历唐山地震的人。

在唐山地震中, 这个人家里有人伤亡, 这段经历他藏在心里, 本来是永远都不想说、不忍说的。汶川地震时, 他鼓足勇气来了, 他说大家都在抗震救灾, 他也来报社说说这段经历。韩斌负责采访, 从吃完午饭开始一口气采访到晚上八九点钟，中间没有吃饭。韩斌说胃都痛了，但是因为被采访人一直在讲述，韩斌也就一直听，韩斌怕一旦去吃了饭，被采访人就再也不想讲了。

在题材选择上，也经常遇到困难。说实话，做起来容易的题材也有，但是好的题材和作品，做的过程都不容易，回想起来都是波折。

像有一个滇池守卫者的故事。昆明的滇池旁边早年开发了很多房地产，后来滇池就被污染了。有一个住在滇池边的老人，一直去举报，结果被人打，他的孙子因此上不了大学。后来我们去采访他，老人真可怜，一直哭。

这篇稿子做出来能发出去，要感谢那个时候的总编辑赵晴。他一开始看了以后说这不能发，后来过了一段时间，形势缓和一些，赵晴总编特意过来跟我说：你那篇文章可以发了。我被他枪毙的稿子他都记着，因为他觉得这是篇好稿子，这样的老人不弘扬，《倾听》这个栏目还做什么？滇池不是老人自己的，是中国的，是云南省的一张名片。老人为了保卫滇池身家性命都不顾了，一张报纸给他发一发又怎么了？一张党报给他发出去，对他是莫大的支持，也是心理上的安慰。当地媒体不敢发，我们《杭州日报》发了。这个故事最后就这样克服重重困难发出来了，是大家共同努力的结果。

《倾听》是一个相互信任造就的新闻产品：讲述者跟被采访人之间、作者和编辑之间，还有领导和编辑之间都是相互信任的。像这种不好做的题材我们能做出来，离不开领导的信任和支持。我们的领导有一句话："什么题材都能做，只要你把握好出发点，找对角度，做得符合要求。"

有些题材面临的困难不是内容，而是时间上的困难。做《倾听》栏目，我们看到好的题材就会穷追不舍，往往有一个很长的追寻过程。

例如有一个人叫车洪才，他花了整整 36 年时间，编了一本普什图语汉语词典，编写过程异常曲折。当时又没有电脑，车洪才是在文化最荒芜的时候编出来的，为了编字典，家里到处都是一摞一摞的小卡片。

当他最后把编好的词典交给出版社的时候，编辑室的主任越看越吃惊，并意外地发现这本词典在商务印书馆是立了项的，但是主任完全没有印象，因为

36 年前主任还是个小孩子。他就跑到档案室去查档案，最后在一份 20 世纪 70 年代的档案中找到了记录："商务印书馆接全国辞书工作会议的指示，组织编写普什图语汉语词典。"车洪才接受编写任务的时间是 1978 年，出版是 2014 年，这部词典整整编了 36 年。

一个人要有怎样的热爱和毅力才会坚持做这项浩繁沉重的工作？车洪才学的是小语种，现实中普什图语很少有人用，但这是个空白点。他历尽艰辛，弥补了这一空白，等书编出来的时候他都已经退休了。

这时候新华社就这个事发了个通稿，全国的媒体都涌上去了，都想去采访，但车洪才不接受采访。毕竟坐冷板凳那么多年了，他正是因为不去理会外面轰轰烈烈的变化，才有了这样的成就。

采访的时候也有大报小报之分的，我们是个市级报，他可能对大报还要"应付"一下，对小报真就是一口回绝，但当时我就觉得这个题材非常适合《倾听》，一定要把它写出来。

车洪才当时年事已高，身体也不好，全部事情由他儿子出来打理。过了几天，等热潮稍稍平复一点，我想了这么一个办法。我把《倾听》里面一些跟他这种题材比较类似的好文章寄给他儿子，并告诉他儿子说：我们不着急，不像别的媒体那样赶时效，你过三个月也行，半年也行，一年也行，我们等你的父亲身体好一点。有些外围的东西可以由你来讲，但是我们要跟你父亲至少见一面，最重要的一些东西要他来讲。讲完以后，我们的文章一定让你们看过，不同意的、要修改的、划掉的全部由你们做主。

我还和他儿子说：如今人心浮躁，今天想换这个工作，明天想换那个工作，这山望着那山高。人一生中能找到一点自己热爱的事情不容易，有的人一生都没能找到，到死前觉得虚度此生；但是有的人像你父亲那样找到了，而且去做了，最后完成了，真的是概率很小，又是多么幸运。你父亲这个经历对年轻人很有意义。

当时为说这些话还是要费很多心思，我要从他们的角度来考虑。一定要换位思考，对方才会感觉到我们的诚意。

我的这些话让他儿子有点动心，也不好拒绝了。最后他们被我们的诚心所打动，得到他儿子的允诺以后，我们开始不打搅他。过了三个月，我打电话过去没说别的，问他父亲的身体有没有好一点。他说现在稍微好一点，但还想缓一缓。这个时候新闻潮早就平息了，只有我们还记得。最后我们这篇报道做得也很成功。

我在物质上是不太贪心的，但是在找题材上，是比较贪心的，我自己总结了两句叫"雁过拔毛，贼不走空"。我到一个地方，如果人家说起一个什么事情，我感兴趣了，就眼睛发亮，拼命地想把它弄到手。

我举个例子。有一次我在医院趴着做针灸，旁边一个老头一边做针灸一边看报纸。我说，你那么爱学习，做针灸还看报纸。他说：我很喜欢看报纸，特别喜欢看《杭州日报》上的《倾听》版。

我深受鼓舞，就跟他说，我就是做《倾听》版的，你看了那么多《倾听》，有没有什么可以给我提供的？他说：我可以提供一个人，我推荐我自己，我先讲个故事给你听听。我就趴在针灸床上听他讲。我这个人贪心就贪心在这里，听故事贪心。

后来我就根据这个人讲的故事做了一篇《倾听》版文章《好人张传根》。这个故事我一直记得很清楚，因为是在针灸台上听来的，当时真的很投入。

当然，熬了很多时间没追到的也有。一个大学生，打电话来讲他导师的故事。导师一表人才、才华横溢，兴趣爱好十分广泛。60 岁刚刚退休，本想可以好好享受晚年生活了，哪知道同年他的妻子遭遇车祸变成了植物人，他放弃了一切，一心照顾妻子。给妻子翻身，为她吸痰，跟她讲话，给她唱歌，他全部心思都在夫人身上。

后来我去采访的时候，被他一口回绝，这位当时已 70 多岁的老人很有礼貌，但是很冷淡地说："我空不下来的，你看这个情况，她在病床上，我没有大块时间。"后来让他的学生转达了歉意："谢谢你们的好意，等事情结束可以考

《好人张传根》文章版面

虑采访，事实上我也有很多心得，也想好好地总结一下。"

我们等的时间并不长，大概几个月，刚过完年，学生打电话来说，先生的夫人已经在几个月前去世了，我说那他可以接受采访了吗？学生说，老师已经结婚了。

我有点惊讶，但后来马上就想通了。我惊讶是因为速度太快，觉得他可以如此快速地结束对一个人的思念，又如此快速地建立起一份新的感情。但是我后来一想，又有点惊喜，他已经 70 多岁了，是一个那么感性，有那么多兴趣爱好的人，也是一个珍爱生命的人，他可以花整整 10 多年来呵护所爱的人，也完全可以抓紧不多的时间来让自己的生命再次开出爱情之花。

我想了很久，还是选择了放弃采访，因为这时候再让他来回忆过去，我觉得比较残忍。有时看到了好题材，要穷追不舍，但是也要懂得放弃。

做《倾听》比较费心的还有就是写"读稿人语"。

我曾经采访过一个人，自称是"五刑上将"，坐过 5 次牢，犯过重婚罪，还刺伤过自己的女婿。按理说他是个坏人，但是坏人也有自己的人生轨迹，他是怎么一步步走过来的？我们做这个人物的专访，如何写"读稿人语"就很重要，我在"读稿人语"写道：我们《倾听》好人也做，不那么完美的人也做，因为都是人生，所有的人生加起来才是整个世界。

"读稿人语"很重要，它有导向性，主要是针对各种各样的内容来把它们"扳正"。

我们还做过一个老是受骗的人的专访。现在不是常有这种骗人的信寄过来吗？邀请你参加一个会议，给你许多荣誉头衔，需要交多少钱。这个被采访者信以为真，把这件事当光荣的事来说。他是一个县的农技人员，发表了一篇科技论文，后来被收录进去，就被骗子盯上了。骗子们是很坏的，你如果一次受骗，他每次都会来找你，今天到人民大会堂去开个会，明天到博鳌去开会。花掉家里很多钱，换来些虚名。

这么一个人，原来我觉得不大好写。我们的副刊部主任想了想说，其实也可以写，目的就是戳穿这个骗局，告诫世人。

当然，对这类灰色题材，我们的采访还是需要有功力的，要表现人性的复杂性，因为这个人虽然被骗了钱，但确实是从中得到了心理上的满足。每个人在社会上的需求是不一样的，有的人他就需要满足精神上的荣誉感。后来我在"读稿人语"上就有点到。

因为有"读稿人语"，所以连这样的题材我们都能做出来。

《倾听》版面右侧就是"读稿人语"

采访组：您做《倾听》栏目责编时的微博名是"我倾听人生"，这个微博名应该不仅仅是在表达一种职业状态，其中有一种投入，甚至是喜爱的情感态度在里面，这个理解对吗？主持这个栏目带给您的是什么？

莫小米：取名的时候其实是随便取的，但你这样理解也对。

　　我采访过几个自家人。刚开始接手《倾听》时，缺少题材，就采访了我弟媳妇，她是上海七宝中学的一个心理老师，心理辅导这块工作做得非常好。我们在电话里聊了好几次，稿子写出来之后她惊呆了，她说"好像从来没有一个人这么了解我"，其实里面的东西都是她自己说的。做《倾听》最大的收获是会有一个感觉，人和人之间贴得很近，有好些讲述者说，我这一辈子好像都没有这么跟人聊过，可能他会跟有些人聊得时间很长，但是深度没到这个程度。

　　后来我还采访过我弟弟莫小不，他是杭州师范大学的书法篆刻教授。我发现尽管我和弟弟一起长大，一起生活了几十年，但要是没有这次采访，我还没那么了解他。

　　所以说《倾听》对人心的介入是很深的。这种深，首先是出于他们对党报的信任，对《倾听》的信任，以及对我的信任。采访时，我也会说一些我的共鸣，我的经历，不一定全部是对方说，被采访人就会感觉到我的诚意。

2020年11月，《见证：〈倾听·人生〉20年精选集（2000—2020）》读者见面会

我莫小米何德何能，有那么多的人信任我，把心底的话掏给我，我想这是上天对我最大的恩赐和奖赏。

做这个栏目之前我做过副刊编辑、大特写编辑等，我都是把它们当成工作，很认真地去完成，直到 2004 年接手《倾听》，一直做到 2015 年，我才发现工作变成了事业。我觉得一个人能把工作做成事业是一件很幸福的事情，因为你把它当成了事业，就不会计较时间或者收入，因为你觉得很有意思，它就跟你的生命融为一体了。我为什么把《倾听》当成事业？因为我在这个过程中看到了人生百态，对我来说，我的生命也就因此无限延展了。这是对我有很大吸引力的地方。

其实在 2006 年我已经办了退休手续，之后一直是返聘。我觉得我做《倾听》的时候非常幸福、充实有意义。

采访组:《倾听》里的各样人生有令人感动、郁闷的，还有令人震撼的，记者在深入了解这些人物经历的时候，难免共情，这种时候，您是如何平衡自己心态的？

莫小米: 我们的叶全新记者，她采访一次哭一次，采访的时候就陪着人家哭，有一些题材不仅采访时从头哭到尾，写的时候又掉眼泪。所以她的文章特别感人。

你们现在年纪比较小，经历的事情也比较少，而我已经年过七十，虽然没有遇到过非常大的坎坷，但总也有难过的坎，我终究还是要走出来，生活还是要继续下去。一名记者在采访的时候和采访对象产生共情，是很正常的，无论什么样的震撼或郁闷或感动，终究要从中跳出来，然后冷静地梳理、思考、提炼这块材料，才能成文，就像你自己的坎坷都要走出来一样。这可能要慢慢训练，这就是所谓阅历。

我觉得容易被感动，也是一件好的事情。一个人不要活到最后麻木了，什么事情都感动不了了，我觉得那不是个好状态，那人活着不就变成行尸走肉了？

李银河曾说，人生重要的精神享受是什么？一种是"清澈有力的思想"，这是很吸引人的，就像光一样；还有一种就是"一切虚构之美"，比如戏剧、电影、小说、舞蹈、音乐，这些美的东西很珍贵，让生命的质地得以升华；第三种是"感人至深的情感"，人要有保持冷静的能力，但是也要永远保持能够动情的能力，要是一个人不能动情了，这是蛮悲哀的。我很认同她的观点。

采访组：您既是报人，也是作家，这两种身份会"打架"吗？还是互相成就？

莫小米：是互相成就的。

其实跟人聊天的时候，我不太喜欢说我是作家，我心目中的作家是曹雪芹或者是 J.K. 罗琳那样能创造出一个世界的人。而我更多的还是从记者的视角，写的基本上都是真实的，不太会虚构。

我们杭报的楼时伟是跑社会新闻的，时常提供给我很多写作素材，还有我自己采访的内容也是我的写作素材。我写的小文章，一般都是来源于真实生活，或者说触发我写作的核心一定是真实的。为了把想写的意思表达得更充分一点，可能会有所虚构，但我其实不太虚构得出来，所以我很佩服那些真正的作家。

我做了《倾听》以后，写作的灵感如泉涌一样，因为我接触到生活，更接地气了。人家说你写了那么多好东西，你很聪明。我说哪是我聪明，是我周围的人聪明，都是向他们学习来的。向生活学习，向周围的人学习，包括向采访对象学习，他们每个人都有很多出奇的、你意想不到的想法，都给我很多灵感和启迪。我们《倾听》有一句广告语叫："每个人的经历都是一次冒险，每个人的人生都是一座金矿。"我倾听了这么多冒险故事，开掘了这么多金矿，怎么不会有源源不断的灵感向我涌过来呢？

采访组：以前一直觉得您是一名作家，刚才听您讲了这么多，觉得您身上确实有记者的品质。您是什么时候意识到这一点的？

莫小米出版的文集

莫小米：太好了，谢谢理解，很多人都觉得是一句客气话。

我不是一开始就想到的，是后来人家提出这个问题的时候我才想到的。

那个时候还没有《倾听》，我常在报纸上写小文章，出了几本书以后，有些高校就叫我去讲课，他们总要问起这个问题：记者和作家之间的关系。于是我就想了一下，大约就是那时开始意识到这一点的。

采访组：您的媒体经历和一般的记者不一样，和一般做副刊的编辑似乎也不一样，我们想听听您对媒体的理解。

莫小米：这个问题我还真是第一次回答。我觉得媒体还是要传递正能量的。

媒体可以揭露一些不好的东西，但是不能散布不信任，还是要让人相信整个社会是光明、有前途的。而且，我们媒体有责任把真相说出来，还有那些历史上大事件的真相回顾。我们报社记者不是为了挣工分去发表，纯粹是为了追求真相，是出于一种社会责任感，我是很佩服他们的。

采访组：刚才您讲到媒体要传播正能量，对实际操作的记者来说，真相有时可能惨不忍睹。您觉得您是怎样让自己在看到惨烈真相后，还能传播正能量？

莫小米：我觉得正能量不只是好人好事，不是只有好的事情才叫正的。一些惨不忍睹的真相除了确实不能说的以外，能说的东西说出来不一定就是负能量。

这里涉及出发点的问题。你做这个题材的出发点是什么？是想让大家觉得社会一片黑暗、不可救药吗？还是想让大家觉得我们社会有这些事情存在，有很多人在关注这些事情，要避免这样的事情继续发生？出发点是很重要的。

做一篇文章，可以把人家很想知道的一些东西写出来，但还是要给人以希望，这里面可能涉及一些技巧。就像我们领导说的，什么题材都能做，但是你要做好，出发点是很重要的。

这个社会是需要真相的，只有真相才能够启发人，让人深思。

采访组：副刊在报刊领域已成为一道逐渐消失的风景线。作为一名主持并成就一个副刊名专栏的资深编辑，我们想听听您对副刊未来的观点。

莫小米：我觉得副刊是永远会有的，只不过它的存在方式不一样，它现在不在平面媒体上传播了，而是在整个社会上、网络上。只不过是网络上文章太多了，需要沙里淘金，比如《我们的天才儿子》就是其中非常优秀的作品。副刊其实是一种观念的碰撞，一种清晰有力思想的展现和讨论。

做新闻的，做突发事件的，是做当前的事情，但副刊是超越个人和当下的。我觉得副刊不会消失，现在有很多的名家、大 V 都在做，只不过载体与过去不同了。

采访组：读您的文章，能感受到一种清澈的生活及人生智慧，我们希望能得到您对我们这些后辈媒体从业者的寄语和建议。

莫小米：你们现在可能比我们那时候更难，我觉得我还是比较幸运的。

我刚进入杭报时，《杭州日报》一天 4 个版，4 开小张，文章是一个铅字一个铅字排出来的。常常到了晚上，很多记者围在夜班编辑部，"今天我的稿子能不能上？我这个月工分还没有完成"。一共只有 4 个版，有时候新华社的稿子多一点记者的稿子就上不去了，完不成任务，这个月奖金就泡汤了。

大概是 20 世纪 90 年代，报纸开始使用激光照排，随着经济发展，又有了较多的广告收入，版面和篇幅就增加了。

《西湖副刊》原版

我正好赶上报纸扩展繁荣兴盛的一段时间，经济效益方面不太愁。有一些媒体人还参与了一些跟经济有关的活动，但我没有。曾经有人想出几万块钱来买《倾听》的一个版面，当然没成。因为这样卖版面，不是我们的初衷，他出钱买了肯定就得听他的了。我说你去买别的版面好了，你出了钱总会有地方做。他说他就是想在《倾听》上做，影响大。我说如果这样做了，《倾听》的影响就不大了。

我为什么珍爱这个版面？不光是为我自己。这个栏目不是我一个人的，而是由领导、作者、读者、讲述者们共同造就的一个名专栏，所以我珍惜它，不愿意用几万块钱来糟蹋它。

关于建议，我以前给大学生上课的时候说过，现在也送给你们。

第一是要有责任心，对历史负责、对社会负责、对报纸负责、对采访对象负责。

前面提到过的作者曹晓波经常写历史题材，他常说，现在的稿子都上网了，你如果把史料写错了，以后人家网上一查就查到你的错，要贻误很多代人。有责任心既是对历史负责，也是对报纸负责。

对采访对象负责，非常重要。一个人出于信任跟你说了那么多心里话，你不能最后用写出来的文章伤害了他。现在有些媒体人为了完成任务，断章取义，做好了一个套子，把他需要的东西安在套子里。我对这些做法很反感，尽量不做这些。

第二是要有悲悯心。你对社会上的人和接受采访的人，要保持悲悯心，不要高高在上俯视众生，要能体谅他们的痛苦。有些事情看起来很不可思议，但是其中都有来龙去脉。我可以讲一个例子。有个尘肺病人，年纪很轻，才30出头，当时他在上海的一家造船厂工作，就在密闭的舱里打喷枪，然后他的肺就受到了损害。

他是黄山人，只要一回到老家病就好了，但是一出来打工就不行。他没有力气，只能做看大门的活。他才30多岁，家里还有孩子，生活很困难，去找劳动仲裁，但拿不出医院的相关证明。我在报纸上征集"千里万里走过，四海为家的打工者"的故事，这一条把他触动了，他就找到报社来，跟我说："我才30多岁，整个人已经废了。"希望我帮帮他。

我对他说你要去证明你这是个职业病，我才能帮你。当时我还特意找了红会医院的一个朋友，叫他去拍个片子，看看能不能查出什么。医生反馈说他肺部是有明显的病变，但是还不能评判为职业病。

有一天这个小伙子带了一个装羽毛球的筒子来找我，把盖打开，从里面拉出来一叠 X 光片，他就对着灯光一张一张地展示给我看。其实我也看不懂，但那一刻我知道了，他是把我们当成救命稻草了。

最后，我还是给他写了一篇报道，文章的标题叫《边缘病人》，把他来来回回的整个过程都写了出来。可能能帮到他的也不是很多，但至少他如果再去找工厂，可以把报纸给人家看，因为党报还是有说服力的，或许能得到一些补偿、补助。同时这个文章也可以提醒更多的打工者，在从事有害工种时，预先做好自身防护，不要看着收入高就忽视了健康，拿命去换钱。

第三是要有好奇心。比如在采访一个人的时候，每个人对你来说都是新的，是一座金矿，他们的人生有自己的剧本，你只有充满好奇心，才会跟他们有更真实有效的交流。人有好奇心，生活就不会乏味。

王群力：我切换赛道的时候是义无反顾的

采 访 组： 章哲涵、高媛、胡陶卉子、王璇、郑一诺
采访时间： 2022 年 9 月 23 日
采访地点： 王群力宅

  王群力，1955 年 8 月 10 日生，1971 年初中毕业。1976 年进入杭州羊毛衫厂工作。1978 年进入工厂工会从事宣传工作，其间（1981—1984 年）在杭州教育学院夜大中文系学习。1985 年，调入杭州市园林文物局工作。1986 年，任杭州园林文物局城区管理处副主任；1987—1989 年任杭州园林文物局办公室秘书；1989 年任中国茶叶博物馆筹建处副主任，负责中国茶叶博物馆的展陈工作。其间学习写作，开始在《杭州日报》发表文章。1991—1994 年在中国国际旅行社杭州分社工作，其间在华东师范大学中文系硕士班学习。1994 年正式转入媒体。1994—1997 年在《浙江广播电视报》任记者、编辑。1997 年调入浙江有线电视台[①]工作，任《文化周刊》《周末特写》制片人，经济频道总监。2001 年，任浙江电视台影视娱乐频道节目部主任。2006 年，任浙江影视（集团）有限公司文学总监。2015 年 8 月退休。2015 年 8 月出任杭州二更网络科技有限公司[②]总编辑。2019 年，创办微信公众号"城市秘密"，从事城市历史文化发展规律、区域价值研究。

[①] 2000 年 10 月，浙江电视台在中国国内省级电视台中率先实行三台合并改革，将原先各自分设、相互独立的三家省级电视播出机构——浙江电视台、浙江有线电视台、浙江教育电视台实行完全合并。

[②] 杭州二更网络科技有限公司：国内知名的原创短视频内容平台。诞生于 2014 年 11 月，在每晚"二更"时分，推送一部原创视频。2015 年 4 月正式注册成立。

采访组：王老师您好，非常荣幸能够采访您，您的从业经历非常丰富，您是如何进入媒体行业的？

王群力：我的从业经历，简单说是企业、机关、媒体；身份从工人到干部到媒体人。这个转变，经历了身份转换和专业转型，从艺术理想到媒体理想，从传播理想到社会贡献。最重要的一个特点，所有的转型都是自己选择、自己学习的过程。

我1976年开始工作，起初在杭州羊毛衫厂做打包工。但业余时间我的精力主要用在学书法和绘画上，当时我的职业理想是当设计师，从事平面设计，这是我当时最大的梦想。

16岁，初中毕业，按照自己向往的生活拍了照片

1976年，21岁的王群力参加工作，青涩时光

改革开放后，新的刊物风起云涌，各种杂志非常多。

我最喜欢看的是建筑、绘画、文学、摄影类杂志。那时候的我仿佛患了"信息饥渴症"。直到现在也是，房间里、生活的周边必须有看不完的书，还必须在我的床边、桌上，任何时候，抓起一本书就可以看。不能我等书，必须书等我。我曾经的梦想是能够住在一个书库里面，整天不出来。

这些东西都是后来我能成为媒体人非常重要的基础，就是对信息的饥渴，对媒体有接触、有表达的欲望，当然还要有点思考分析能力，比如要琢磨，好的刊物是怎样的？他们是怎么办的？刊物通常都有什么特点？那个时候《三联生活周刊》《新观察》《文汇月刊》等等，都办得非常好。

成为媒体人，最初源于对写作的爱好，而写作爱好的产生是因为绘画梦的破灭。1977 年，高考恢复，我参加了浙江美术学院的招生考试，没考上。

大概是 1984 年，因为系统学习了大学中文系课程，我忽然有了一个冲动，就想写作。怎么才能写出好文章呢？记得读初中的时候，父亲曾经跟我讲过一

1978年，在工厂的工会从事宣传工作，专心致志研究书法创作

些写作概念，很有意思。我父亲写文章很有经验，别人给他一个选题，他能无中生有、平中见奇、小中见大地提炼逻辑，列出提纲；他还能够把一篇平淡无奇的文章，重新组织架构，改成一篇好文章，包括遣词用字也十分准确讲究。这些对我的启发是非常大的。

我大概用了两年时间准备写作，自己练习，自己给自己出一些题目，写艺术短评。之所以从艺术短评入手，跟我当时的状态有关系，第一我喜欢思考，第二我喜欢表达。

当时杭州日报副刊部是杭州媒体界的一座高峰，有朋友带着我去杭州日报，我带了文章去，一位姓李的编辑只说："你先放着。"我当时不知道是什么意思，后来才知道副刊一般只用非常成熟的作者的作品，极少用陌生人的作品。他们眼界很高，也有很多专业坚守，这个后来对我也产生了很大的影响。

告辞之前，这位李编辑让我一个星期以后再来听消息。一个星期以后我去了，她说，文章还没看呢。我说："哦，好。再等多久？""再一个星期。"又等了一个星期。去了以后，编辑说："看了，不能用。"顿时，一种我从未有过的挫败和失望袭来，感觉像是受到了羞辱。当时我就说，必须是这个主题，这篇文章，不管改多少次，稿子我必须要发的。我想，只有在修改当中才能学到东西。

李编辑当时就说："好！"潜台词是：要的就是你这种精神。后来这篇稿子改了一稿就发了。什么是好编辑？对作者有期待，但绝不宠爱，也不放纵；同时鼓励你，肯定你的一种执着的精神。如果你是真的热爱写作，那么就来积极尝试，真正的热爱是不怕挫折的。

稿子发出来的第二天，李编辑主动给我来了个电话说："我想约你写一篇稿子。"给了我题目并问我能不能写。我问："什么时候要？""后天。"我想，考验来了，如果能写出来，此后我的写作道路肯定是康庄大道；如果写不出，就洗洗睡吧。

编辑说西湖边有很多景观，游客来玩的时候，却并不能感受到它们的文化历史和底蕴所在，西湖边应该有一个说明牌，让游客感知到西湖的魅力。

当时我刚搬到翠苑新村不久，带着女儿散步时，看到路旁有一块小石碑，上面讲了翠苑这个地方的前世今生，讲它原来的风景是什么样的，看了这块碑文后，真觉得这片住宅区确实不一样了。我就以这个为引子，写了一篇有关西湖魅力内涵的文章，马上就得到了发表。

这就是我发表的第二篇文章。一个好编辑，会充分地肯定作者，激发作者。我从此一发不可收拾，开始连续发文章。这算是我媒体生涯的一个前期准备。

1985年，文物事业发展，急需人才。我调到了杭州市园林文物局工作，第二年夏天被任命为杭州市园林文物局城区管理处副主任，主要负责"杭州碑林"

1985年，在杭州市园林文物局工作，王群力（右一）与副局长陈文锦、同事陈晖在建德大慈岩调研

的建设，就是现在劳动路的孔庙碑林。

1987 年，浙江电视台策划了一个谈话直播节目，在寻找能说会道的嘉宾，朋友推荐我去参加。当时的主持人费敏和我聊天，我就提议：现在钢笔字挺流行的，我们要不在电视台开一个钢笔字课的节目，教大家写钢笔字？她说可以，于是我和另外两个同伴在电视台教了一年钢笔字。那时候是录像播出，隔段时间录一次。慢慢地，我发现电视台可能蛮适合我。我的电视梦也就是从那个时候萌发的。

1987年，策划了浙江电视台教授硬笔书法课程《练字》，负责行书的写法课程

1989 年，国家旅游事业要大发展，杭州筹建中国丝绸博物馆、中国茶叶博物馆、胡庆余堂中药博物馆和南宋官窑博物馆四大专业主题博物馆。领导让我去中国茶叶博物馆当筹建处副主任，负责馆陈区里面的陈列工作。

那个时候也是我写作产出的高峰期，在《杭州日报》上不停地发文章，在这个过程中我练就了一些写作技巧，比如说金句的提炼，文眼的打造，概念的提炼。当然最重要的是有了生活的阅历，写出来的东西就会很生动。

后来可以到什么程度呢？让我写800个字，我肯定不会写810个，发表时也基本不会被改动。什么时候交稿、多少字，全部都是算好的，严丝合缝地嵌入进去，非常准。

20世纪80年代，很多杭州业余写作者都进了报社，成了记者、编辑。那时候大学生还少，而我却一直没有进媒体，他们就觉得奇怪："王群力，你为什么不进媒体？"

我就觉得我吃不准如果真正进入媒体，是不是和我想象的一样。而且我当时工作状态也不错，所以觉得没有必要一定要去做记者。

1991年，中国茶叶博物馆建好以后，省旅游系统的领导觉得我挺有才华，就邀请我到中国国际旅行社杭州分社去工作。

去了之后，我建议国旅办刊物。这其实是我办的第一个媒体，属于内部刊物，叫《国旅通讯》。虽然是内部刊物，但是也有人物专访，有评论，有消息，有特写，在整个国旅系统中算是"脱颖而出"了。后来我又在国旅创办了浙江新概念广告公司，总共做了一年半，遇到7单生意，没有一单是逃掉的，都做得很精彩。

做广告那会儿，我仍然在写作，而且还在探索一些新的写法。有一次给《杭州日报》写了一篇文章，《三代船工话沧桑》，讲的是西湖船工。文章更多展现了对话细节和采访对象的动作，用今天的话讲，就是有场景感。当时浙江画报杂志社的编辑部主任左亚琳看到了这篇文章，特意找到我们局里，说我文章写得很有画面感，问我能不能和杂志社长期合作。我满口答应了。他们让摄影记者谢光辉跟我配合，我写稿，他拍照。

后来我和谢光辉成为好朋友，对他拍的东西佩服极了。他是一位很有才华的纪实摄影家，专拍杭州街头巷尾的那些人，类似布列松"决定性瞬间"那种纪实风格摄影，善于在平凡中发现人性，在动态中发现规律。后来我把他很多没有发表的习作拿来命名，配短文，在《杭州日报》副刊专门推出的一个栏目《都市传真》上刊登，一个礼拜发一条。

比如，雨天，阿姨在刷马桶，丈夫撑伞。丈夫穿着中山装，戴着眼镜，像是一个知识分子。我给这张摄影作品起的标题叫《生活的背影》，我们看到的常常是一个人职业的正面，但每一个人都必须面对吃喝拉撒这些事，这就是生活的背影。我觉得我们能用一些文字，把图片内在的意义激发出来。这个就是我当时做的一种自我训练。

1994 年夏天，一个突然的变故，让广告公司经营体制发生变化，我不能接受，在家里待着看了两个月的书。朋友将我推荐给浙江广播电视报。我拿了一堆发表的文章过去，老总一看，说，来！那时候《浙江广播电视报》发行量虽然还是有 40 多万份，但已经过了最辉煌的时候，一个报社就十来个人，排排节目表，编编人家的稿子，似乎很平淡。

但我这个人有激情。比如做广告的时候，我说我们的广告应该怎么做，你一定要比甲方多想一点。广告人要自作多情，你多情了、多想了，你就想得充分了，站位高了。这种"多想一点，多准备一点"的训练让我受益至今。到了浙江广播电视报，我就一直在琢磨，该怎么做？

那时候没有现在这么多媒体，广播电视风头很劲，是电视时代的开始。我一般只做电视台的报道，不做广播的报道。不知道什么原因，现在回想可能是内心对电视或者说新兴媒体比较敏感。

我们这一代人是听广播长大的，我至今还记得我听着随身听骑车满大街跑的情景。但电视的魅力实在是太强大了。1993 年开播的《东方时空》，以及 1991 年播出的大型纪录片《望长城》，杂志型的节目形态以及"讲述老百姓自己的故事"那种纪录片风格，充满了人文内涵，和我的志趣十分吻合。那个时候，电视一下子就吸引了所有人的眼光。

话说回来，那时候《浙江广播电视报》的头版一般就是所有和中国广电有关的重要消息，来自全国各地电视台的传真稿。所有稿子周四上午要全部编完，然后出报。

我对我编的第一篇稿子印象很深。1995年，电视台开始有了大型音乐会。我作为编辑拟的第一个标题是《1995年中国电视的开局竟是一段段美妙的旋律》这么一个长标题。我当时尝试用口语化表达来做标题，因为看到过一本台湾杂志，它所有的标题都是一句话，而且口语化。我觉得这个很吸引眼球，就把它学过来用了。

然后我就开始慢慢地出"套餐"。所谓"套餐"，就是每周四一定会看到头版上有一篇关于电视的消息，一篇人物专访或一篇评论。全部由我自己写。写了一年以后，影响蛮好。

那时候特有激情。媒体人最想遇到什么呢？突发事件。媒体人的终极能力或者说神奇武功，就是四个字"倚马可待"：印刷厂在等你发稿，你一挥而就。1994年，电视剧《9·18大案侦破纪实》开播，讲河南郑州博物馆被盗，开封市公安局局长武和平破案的故事，由武和平亲自出演。人们很少看到这样的纪实案情剧，所以这个电视剧一出来，万人空巷。播了几天以后正好我们要出报，报社老总就说："王群力，写一篇评论！"他知道我有激情，喜欢写，就在我背后等着。我"唰唰"写了一页，他就拿去审。全稿可能不到1000字，我记得没有改就发了。

逐渐，我的电视评论就在圈子里有点名气了。

那么，我的媒体经验从何而来？我的媒体经验，不是通过专业学习，几乎全部来自主动学习。我酷爱读杂志、报纸，听广播，看电视。谈不上系统，但比较留意不同媒体的规律。

关于采访，关于记者素质，我最初是在杭州日报记者姜青青身上学到了很多，他原来是杭州日报跑园林文物线的记者，现在是南宋问题研究专家了。我从他身上发现传统跑线记者有三个特点：一生就跑一条线，很熟悉一个行业；基本都会很深入，熟悉每一个班组，对业界动向很清楚；总是会发现规律，寻找报道的点。

我跟他有过长期接触，他的很多做法就学到了。好的记者就应该整天在现场，不应该在办公室。所以我在浙江广播电视报的 3 年，除了写稿，其余时间全部在现场，只有在现场你才会发现故事。比如你要非常了解电视台的战略布局，要懂得领导是怎么想的，主任在想什么，制片人在想什么，他们迷惘也好，激情也好，或者有意识的创新举动，无意间的感悟，甚至弯路，对我来说都是启发和素材。

我可能是建设型人格，比较喜欢做正向的价值揭示。我认为，做媒体，一个非常重要的能力，就是给到他人能量。媒体不仅仅是揭露，虽然用揭露去促使改变也是给予人能量的一种，但是一个真正的媒体人，一定要有正向的、建设性的意识和创造正向价值的能力。如果没有这种能力，不能重新建构一种秩序的话，这种媒体人是不合格的。

采访组：后来您又是怎么转型去了电视台？

王群力：1997 年夏天某日，领导忽然安排我去采访浙江有线电视台（简称有线台）。写了一篇报道《定位准了，节目越办越红火，"家庭百事"受欢迎》。为什么叫"定位准了"？当时我认为，电视台不一定追求大而全，需要寻找独属于自己优势的定位，要寻找独属的观众群，要有服务意识。《家庭百事》就是一档服务节目，相对而言，这样的节目比较符合这个台的资源气质。为此，我又配了一篇评论《定位，难在舍弃》，主题就是真正的定位，其实是要敢于舍弃，只做你最擅长的。应该是这篇报道和评论让有线台有了想调我过去的想法。经过一番周折，1997 年我去了有线台工作。当时，这是一个基础相对薄弱的台，但这倒给了我发挥的机会。最初我是做制片人，负责两个栏目，第一个是杂志类栏目《文化周刊》，第二个是纪实类节目《周末特写》。

《周末特写》实际上是一个准纪录片形式的深度报道栏目。把它定义为准纪录片的深度报道有几个因素：第一是现场感，第二是抓拍，第三就是有严谨的叙事。随便举个例子，栏目有一期做过奥运会跳马冠军"跳马王"楼云打官司的报道，这位奥运冠军想转型做生意，结果失败了，人家追债，他就去筹钱还债。当时我们就是拍这个过程。

这个选题是受《钱江晚报》启发——我经常在《钱江晚报》里找选题，报纸不如电视镜头有说服力。我要有一个现场：比如怎么跑银行的，怎么筹钱的，派一组人去拍；再派一组人拍对方的人为什么要起诉，在怎么准备，两个故事剪在一起。这类"大特写"每期 20 分钟。那时候我感觉电视必须要有独特的魅力，这个魅力就是"现场感"。

《文化周刊》是杂志型的，每期时长 20 分钟，细分好几个固定子栏目。我自小在文化圈子长大，因此我希望节目对文化的理解不要太局限于文化系统本身，而是将内容延伸成关于文化领域的报道。我对栏目的定位就如同它的标语"文化就是我们的生活"。

《文化周刊》如何来表现我们的文化呢？我们的文化就是我们的生活方式，比如那些正在消失的民俗，就是我们应该要挽救的一个东西。我们讲饮食文化，这个饮食文化就跟民俗相关，不同的地方都有自己的饮食文化。我们对文化的理解，就是通过人类学等多个知识维度来表达。

1997 年秋天，根据频道资源，浙江有线电视台决定将三个频道区分定位为"影视娱乐""经济服务""体育健康"。考虑到购片以及运营成本，只有影视娱乐频道播电视剧。三个频道总监采取竞争上岗。我参与了经济频道总监岗位竞聘，最终出任浙江有线电视台经济频道总监。这个频道主打股市信息和生活服务。考虑到经济频道还没有观众基础，需要有一些节目吸引观众，除了已有的"探索频道"节目，我推荐引入了美国国家地理频道节目，改名《天下》在深夜播出。像《天下》这样的自然纪录片都是深夜或者凌晨播出，照样有收视率，帮助频道成功吸引了一大批观众。

做总监压力巨大，是我之前从未想过的。主要就是经营，广告收入怎么办？那年 11 月的一天，我和当时浙江的一家影视公司谈判，为了 100 万元的差距，从晚上 6 点多谈到晚上 8 点多。谈着谈着，医院传来消息，我父亲病危。

我父亲自 1994 年罹患癌症，已经好几年了。我迅速赶到医院，安顿一番后，看父亲还撑得住，便赶回来跟影视公司继续谈。过了两小时，又收到医院通知。再次赶去，父亲停止了呼吸。然而谈判最终并没有达成一致。

现实很骨感，现实很残酷。你作为旁观者、报道者、评论者，都没有切肤之感，而真正深入进去，才发现考验你的事情太多了。

三个频道采用总监制，总监直接向台长汇报，改变了原有的组织架构。舆论和眼光对总监就特别苛刻，这个压力也给到了台长，看看台长能不能有足够耐心等待改变，能不能化解所有问题。同时台长也面临更大的考验：能不能办好一个拥有三个频道的电视台。

1999 年六七月份，浙江有线电视台决定撤换娱乐频道和经济频道总监。有段时间，我等于赋闲了。这个时期，有影视公司请我做顾问，然后又有人介绍我为杭州经济技术开发区创办一本杂志叫《下沙新城》。杂志是我从未涉猎的，机会挺好，就投入精力搞起来，效果不错，前后总共办了五六年。办杂志的经验后来对我很有帮助。2012 年，我向万科杭州公司总经理建议，创办一个业主刊物《万科家书》，也做起来了，有五六年。

我喜欢看杂志，看那些优秀的杂志，然后就很想自己试试。这两本杂志虽然不是正式公开出版的商业杂志，但在特定的读者群里获得了很好的反馈和声誉。有机会就要实践，没有比实践更好的学习了。

2000 年底，浙江广电进行改革，准备建立浙江广播电视集团。这是一个大动作，撤销原有的电视台编制，统一呼号为"浙江电视台"，下设六个频道。于是，有线台消失了，原有的三个频道划归集团统一管理。人员全部打散重新分配安排。我记得是 2000 年 11 月 13 日晚上讨论了人员安排，第二天通知我去体育健康频道①。频道的新任总监很信任我，准备让我出任综合部主任，实际上我不怎么喜欢体育。恰好，新的影视文化频道总监是原来浙江有线电视台副台长，他很了解我，就给我打电话，请我出任频道节目部主任。

① 2005 年 9 月 5 日起更名为浙江电视台民生休闲频道。

武林巷这幢楼是王群力电视生涯开始与结束的地方

2001 年到 2006 年，是我真正得以发挥能力的黄金期。电视台改革以后频道都是大部制，新闻部、专题部等都被整合在这个部门里。栏目采取制片人制，制片人掌管人、财、物。我在当节目部主任的 6 年里，不管具体事务，只负责大型活动和节目策划。这是频道总监知人善任。为什么这么说？我自认为确实属于策划型人才，想要确保文思泉涌，就不能落入繁杂的具体事务。

采访组：王老师在电视直播领域很有建树，请和我们说说您做过的印象深刻的电视直播。

王群力：我可以先和你们说说雷峰塔考古发掘直播。影视文化频道的创建，主要背景是当时浙江建设"文化大省"战略，频道自然应该承载助力文化大省建设的使命。频道建立不久，文化栏目制片人忽然得到一个信息，浙江省文物考古研究所准备发掘雷峰塔地宫，那是 2001 年 3 月份。这就撞到我的"枪口"上了。我父亲生前是浙江省文物考古研究所第二任所长，当时的所长曹锦炎是第四任。我去找他商议，最终他同意我们直播。

　　我之所以对雷峰塔地宫直播很有兴趣，除了家庭影响的原因，还有就是我个人对 2000 年北京老山汉墓发掘电视直播不怎么认可。

　　当时那个现场直播影响很大。由于导演不懂文物考古工作规律，虽然邀请了当时的中国考古学会理事长徐苹芳先生作为专业领域的嘉宾，但导演为了体现所谓的可看性或者说信息量，还邀请了一个文化领域的人做嘉宾。文化人话很多，端着茶壶，侃侃而谈。最糟糕的是，主持人抵达发掘现场，看见一具尸骨后，一定要考古学家在现场回答尸骨的身份、性别等信息。这恰恰违背了考古的学术规范，不经过研究分析是不可以轻率得出结论的。也就是说，这次直播实际上将一次严肃的、学术性很强的考古发掘现场，变成探宝挖宝了。

　　我认为，我们可以做得更好。应该怎么准备呢？整体思路就是更尊重发掘规律，也是邀请徐苹芳先生做嘉宾，请他做专业、权威的讲解。另外就是导演团队、主持人、导播等团队的组建，以及整个直播，包括起承转合，知识点，插播的信息（VCR 制作）等，都有严格的构想、设计和筹备。

　　我们敲定，2001 年 3 月 11 日进行直播。那是一个周日，雷峰塔发掘就定在这一天。因为周日白天，尤其下午，一般是周末观众收心回家的时候，看电视的概率很高，是收视率相对最高的时间。后来我们也有很多直播都选择在星期天，尤其下午进行。

　　时间一定，消息一发，媒体圈炸了，纷纷去找曹锦炎所长。但他说，这次雷峰塔地宫宣传和浙江电视台影视文化频道合作。那时候我在全神贯注准备直播，只关心：地宫应该还完好吧？没有被盗掘过吧？

　　直播分为两个场景，一个是雷峰塔下的发掘现场，一个是台里演播室。演播室里有两位嘉宾，一位是中国考古学会理事长徐苹芳，另外一位是熟悉杭州的作家李杭育。那天早晨我 6 点多就到了台里，跟主持人做了最后交代。最重要的交代是，要自始至终传达一个意思，考古是严谨的科学不是挖宝，这也是为万一地宫挖不出东西帮观众进行思想上的准备；另外就是让主持人记得要引导，让徐苹芳先生多讲。

　　到了现场，很多其他媒体的记者都到了，都想进入发掘大棚。但雷峰塔所在地属于中共浙江省委警卫局管辖，武警严格执行命令不许他们接近。我们到了现场以后径直进入发掘大棚，一个新华社老摄影记者瞅准一个空档飞奔过来，冲进大棚沿着钢架爬到顶上，死死抱着钢管。有人去拉，我立刻制止了。人家也是恪尽职守，为了第一时间发布消息，况且对我们直播并不会产生干扰。直播在上午 10 点正式开始，镜头中可以看见地宫表面压着大石板，石板上叠压巨石，考古队用葫芦吊缓缓吊起压在地宫上的巨石。

雷峰塔地宫文物发掘现场直播工作情景

下午 1 点，第一件文物被取出，直播结束。这次直播历时 3 小时，基本上严格按照台本流程实施，整个过程十分顺利。3 小时中要详细介绍雷峰塔历史，介绍地宫文物发掘的知识点，转播发掘现场的情况。这实际上是国内第二次比较重要的文物考古发掘的电视直播，也是浙江省第一次文物考古现场直播。雷峰塔本身就有巨大影响力，加上考古发掘结果的不确定性，带来了直播的可看性。

但事后我自己总结，还是留下一个巨大遗憾，就是直播信号切断太早。事实上，直播信号切断前，技术中心反复确认：真的切断么？在发掘现场，直播技术中心的工作人员看得非常入神，他们可能觉得，这是一次难得一见的现场，最终发掘成果还未可知，信号应该始终保留。而我觉得，作为一次报道，一次信息传播，一次单纯直播，圆满完成了流程，可以结束了。

王群力（前排左二）与雷峰塔地宫直播主要摄像师和现场主持人等合影

这里我需要展开分析一下影响我思考的底层逻辑。我曾长期为报纸写稿，研究各类刊物杂志，过去学习书法和绘画，也都是从平面维度思考问题。而电视或者说影视是时间的艺术，有起承转合，有叙事节奏，随着时间线性表达，有着后一秒钟的不确定性，随着时间徐徐流逝，内容逐渐深入。对于电视而言，时间即空间。

"事后诸葛亮"地设想一下，如果当时不切断信号，直播3小时后第一阶段结束，嘉宾退场。然后，每隔1小时回来，再转播10分钟，让观众可以看见整个发掘进度变化，那效果又将会完全不同。尤其对频道影响力的打造，将是颠覆性的。

事实上，发掘直到晚上12点多才结束，我们的摄像师一直在现场录制。这就引出一个问题，电视直播的魅力究竟是什么？与今天手机直播的时空同步、时间伴随不同，电视直播的魅力应该是不可预见性。当时之所以切掉信号结束直播，源于自己固有的所谓"章法""节奏"等媒体理念，现在回看，其实还是缺乏经验造成的遗憾。如果这场直播调整为，围绕一个主要的、长时间的主题进行直播，然后伴随其他节目内容，交叉切换，实际上在一个频道里并存两个信息源，那应该是很有意思的事情。

后来城市道路上刚刚设有监控摄像头的时候我就说，如果我是交通台的人，一定要设法把这一路信号转到屏幕上。这样实时转播，在流逝的时间里也会有突发和沉淀的信息，很像钓鱼，枯坐一天似乎也不会寂寞。因为人是信息动物，期待看见自己想看见的东西，这应该是传播学上的一个原理。

最终这个关于雷峰塔考古发掘的直播得了中国新闻奖和中国电视奖。

因为我是文物考古家庭出身，比较知道把握好文物工作、考古工作的规范和特点，并在此基础上通过电视直播，把里面的一些文化内涵讲出来。这次直播为频道后来的很多直播创立了操作模式规范。很多次都是我做总策划、总导演，决定形式规模、主题概念、流程确定和现场总调度。我就是一个总体效果的构思者和策划者，下设一个执行导演，负责细节和台本、知识点，还有一个导播负责画面切换，在技术层面落实所有机器设备、信号传输，后勤人员负责所有交通以及安全保障等。电视就是一个团队操作、充满技术表达的媒介。

当时电视频道竞争激烈，收视率几乎成了"命门"。台里为了平衡影视和文化，确保文化类节目不至于拖累收视率，就允许一些影视剧首播在我们频道，甚至允许在晚间节目时间，电视剧可以提前半小时播出，比如其他频道是19:00，我们就是18:30。但我认为这样的抢跑也不是长久之计，我们应该确立自己独特的气质和做派，形成独特竞争力。雷峰塔地宫发掘直播，开创了我们频道"影视剧立台＋直播立台"的品牌特点。基于这样的考虑，我在直播策划上就很用心。

当年下半年我又做了一次非常创新的直播。那年七月传出消息，张纪中准备筹拍电视剧《射雕英雄传》，想选择舟山桃花岛做外景地。大家知道，金庸作品的知名度很高，而张纪中的影视剧美学观是完全现实主义的，喜欢真山、真水、大景观。我就赶去北京找到张纪中，表示想给他的拍摄做一场直播。当时他很吃惊，问我在拍电视剧现场可以直播什么。我说："这个你甭管了，你只要真的可以请到金庸先生到桃花岛就可以。"张纪中是非常善于利用资源的制片人，就一口答应了。我们决定，2001年10月14日下午两点，正式直播。

直播不一定非要播类似雷峰塔地宫发掘这样的重大事件，时间流逝中的变化，也是有意思的。更何况，有陌生的场景和有趣的事件在中间，大型实景地拍摄电视剧的场面很少有人看见。张纪中也真的邀请了金庸先生，而金庸先生居然答应了直播的邀请。于是，3个多月的筹备开始了。我去了七八次桃花岛勘景，设计摄像机机位。很多同事都很兴奋，期待这样的一场大型直播。

那时候桃花岛寂寂无闻，刚刚准备搞旅游开发。我要求那边免费接待我们食宿，给予场地和秩序维护等等。当地非常配合，为拍一条全岛面貌的VCR，居然调动了直升机。

桃花岛直播，变成一个令人关注的事件。直播出发那日，杭州《都市快报》头版发了条消息《3600万，浩浩荡荡开向桃花岛》，说的就是我们这次直播。

2001年10月14日，电视剧《射雕英雄传》拍摄现场直播结束后，
王群力（右三）在海滩和制片主任孟凡耀（右四）、导演鞠觉亮（左三）等合影

2001年10月14日，王群力（左）在电视剧《射雕英雄传》桃花岛拍摄直播现场

直播动用了两台直播车，12 个讯道，一辆微波信号应急通信车。

虽然也遇到了意想不到的麻烦，但最终有惊无险，金庸先生也很配合，直播很成功。我把一个原本不是"事件"的事件做成了直播，慢慢地形成了策划性直播的理念和做法。

此后，我不断地策划了许多大型直播。比如，在绍兴兰亭直播了"天下第一书——中日少年书法交流大赛"活动，策划了"美的奋斗，美的沟通——浙江美术家六十年"现场直播。

后面这个是挺难做的一个选题，但也是因为频道直播名气大了，浙江省美术家协会直接找到我商议。他们的初衷是为了纪念毛泽东同志《在延安文艺座谈会上的讲话》发表 60 周年。策划初期其实挺难，后来我反复思考并和艺术家们讨论，最终决定以演播室、代表性画家命运故事等不同内容结合的方式，将场景与故事结合起来做。最终，直播的信息量很大，画面也很生动。

最精彩的一次还是 2003 年 11 月为了配合电视剧《大宅门 2》播出而做的直播。之前的电视剧宣传，基本上都是很常规的套路。但我们直播《射雕英雄传》拍摄现场那次，前一天晚上我们影视文化频道以超过当时市场价一倍多的价格，和出品方签下播出版权。然后因为直播的巨大宣传效应，频道对电视剧贴片广告进行公开招标，收入超过投入四倍。可以说，直播很好地配合了电视剧的播出。

从 2001 年开始到 2003 年上半年，影视文化频道收视率始终在浙江电视台六个频道中名列前茅。2003 年由于频道总监患病请假，频道收视率下滑较大。为了将收视率拉回来，我们购买了很受市场欢迎的电视剧《大宅门 2》。于是，如何配合宣传就成了一个重要课题。频道总监这时候已康复上班，他调整频道工作，让我配合他负责调度频道宣传资源，将频道影响力拉回来。

当时，导演郭宝昌表示，戏拍完很久了，演员都散了，无法做更多宣传配合。于是，我就想策划一次有意思的直播。起初我毫无思路，忽然有一天看见《都市快报》上一条社会新闻，说很多老杭州因为拆迁，或者已经拆迁，想搞一次"墙门盛筵"以示告别或者再次相聚。受它启发我想起了当时新修复的胡雪岩故居。

胡雪岩，晚清药业巨商，命运故事很像《大宅门》。于是，我就想以胡雪岩故居作为场景，搞一次聚集100多人的大型"墙门盛筵"。以"墙门"呼应"宅门"主题。这个时候距离电视剧播出排期还有一个月。

因为呼应了《都市快报》发起的活动，报社很感激，就问我需要什么样的帮助。我说："你们搞个征文吧。"就这样，我和报社编辑策划了电视剧《大宅门2》特约征文活动，为期一个月，分为"墙门情侣""墙门恩怨""墙门才子"等几个主题。这样的铺垫，相当于"蓄势""蓄客"。

直播是2003年11月初的一天，郭宝昌请来了主演江珊等人到现场，《都市快报》在全杭州遴选的100多位观众来到胡雪岩故居。直播现场我们还邀请了胡庆余堂最后一批传统学徒代表、著名企业家、杭州中药二厂厂长冯根生，还有买下胡雪岩故居的原浙江兴业银行董事长蒋抑卮的后人。大家在故居考究的花园里，济济一堂，讲述这个大宅子的命运故事，中间穿插电视剧主题歌演唱等等环节。

直播从晚上6点半开始，因为前期造势铺垫，频道收视率上升得很快。到晚上7点，我让一个现场观众宣布，电视剧《大宅门2》现在开播！随之切出电视剧片头。电视剧正式开播以后，收视率进一步拉升。那次直播极大地发挥了电视媒体的优势，但更多是采用了综合施治措施：一部好剧，一次事件策划，一系列铺垫，一场好看、充满信息量和吸引力的直播。

有趣的是，这次直播方案最初频道总监竟然是反对的，认为缺乏突发性要素，不符合电视直播的"不可预测"原则。甚至不顾之前那么多次成功经验，请频道制片人一起论证。大家都说好，这才实施。结果证明非常奏效。

后来我们还搞了好几次直播，最重要的一次也是配合电视剧宣传。那是2006年春天，频道一口气推出五部电视剧。这个时期，电视频道竞争白热化。直播活动请来李幼斌等一批演员，共同策划了三个大场景，一个在十五家园社区，一个在运河广场，一个在台里的演播室，演员串场。我给直播取了个名字叫"春剧会"。这是我最后一次搞直播，后来就离开了频道。

实际上，我的电视媒体生涯不是很长，但遇到了一个热气腾腾的时代。

2006 年，我 51 岁，当时就想，虽然频道条件各方面都还可以，但似乎还有精力可以尝试一些别的事情。于是，我主动要求调去了浙江影视（集团）有限公司，在那里做文学总监，主要策划影视剧。这其实是进入到文化产业领域了。所以后来我退休的时候是文艺副高职称。其实我第一个职称助理研究员是 20 世纪 80 年代时在文物系统取得的。我不断在跨界。

到了影视集团，发现影视产业在中国实际上是比较粗放的。这个行业内很多人是碰运气，甚至是豪赌，有人倾家荡产，也有人大赚。这不是一个成熟产业应该有的样子，它需要一个稳定成熟的机制。我在那里组建了文学策划部，招募了五六个名牌大学影视文学专业毕业的硕士，建立了一整套包括剧本孵化、初审、会审、终审等在内的完整立项流程。

2010 年夏天，我接到了拍摄一部表现浙江温州人创业故事的电视剧的任务。这就是 2012 年在央视播出的电视剧《温州一家人》。我陪着著名编剧高满堂采访，参与了策划，也是这部戏的制片人之一。

对这个剧我主要的贡献是什么呢？一是让编剧对甲方的期待有所了解，二是确保它真正写成温州人的故事。编剧的写作能力是有的，但他是东北人，对温州不了解，我怕他把这个剧写成了别的地方的故事。作为一个制片人来讲，最重要的不是教他怎么写，而是要清楚明白地告诉他我期待一个什么样的作品。剧本出来后，我请了一位温州的编剧作家又帮我梳理了一稿，把里面的历史事实核对清楚，又加了些温州方言进去。导演也很聪明，他后来用了一个乐清民歌"点题"。这部剧是非常动人的，是扎扎实实地采访出来的。

2017年在温州电视台，王群力（左二）与当年支持电视剧《温州一家人》工作的
原温州电视台副台长王晓峰（右二）等合影

采访组： 您在退休后，又立即以 60 岁的年纪加入杭州二更网络科技有限
公司（简称二更），并成为二更的首席内容官，背后的缘由是什么？请分享在
二更讲故事的秘密。

王群力： 加入二更也是出于偶然。

我是 2015 年 8 月 10 日退休的，第二天，二更通过钱江晚报的朋友找到我，
希望我给他们做顾问，我就去了。

评了 3 个月的片子以后，我发现他们所有的节目基本上是模仿上海的自媒
体品牌"一条①"。两者都拍人物、都讲物品的故事、都会最终导向一个主题和

① 一条：即上海一条网络科技有限公司，于 2014 年 9 月 8 日成立，拥有短视频平台、电商平台和线下
店，是一家综合了媒体、电商和新零售的公司。

目标。二更显然还没有完全想明白自身应该如何定位，于是我就给创始人丁丰发了三句话：一条是物，二更是人；一条是以人带物，二更以物带人；一条主要讲物品的价值，二更更应该在意人的价值观。

当时的天使投资人看到这些想法，就说王老师厉害的，应该把王老师留下来，当总编辑。于是我就这么当了总编辑，从顾问变成了全职。

转为全职后，我又提出"2.0 战略"。一条和二更一开始做的短视频都很抒情、感性，"2.0 战略"就是要让二更的作品从感性走向理性、专业的表达，要以人为核心。

原来二更的 slogan① 叫"发现身边不知道的美"，这句话也是不错的，不过我又提了一个新的 slogan，因为二更是拍人的，所以我给了六字目标"见世界，识人心"。制作的关键是抓住人、事、情，拍一个人，要通过事情来反映。当你能通过事件去塑造一个人、表达一个人，能把情感和情绪落点找准，短视频的主题就明晰了。

那段时间二更的短视频观看量非常高，后来浙江广电集团的领导还把我请回去上课。

我在二更的工作经历大概就是这样，二更主要着力于表达一些鲜活的人物、人生故事，也没有什么特别的奥秘。二更当时的成功主要证明了三点：

第一，走心的故事永远不过时。

第二，所有的形式都要依托于扎实的叙事逻辑，而不是生造的感情逻辑。很多故事就是因为被导演生造了一个感情逻辑，故事整体才会走偏。

比如说父亲节，当时二更拍父子关系的短视频总是做抒情，我觉得这个不动人，因为里面没有冲突，故事很假。叙事逻辑假了以后，你的故事怎么讲都不会动人。抒发情感首先需要有扎实的叙事基础和情感基础。儿子和父亲之间关系的通常叙事逻辑是什么？少年、青年时代，儿子与父为敌，但是儿子长着

---

① slogan：是广告界常用的英文词汇，意为口号、广告语，是一种较长时期内反复使用的特定的商业用语，它的作用就是以最简短的文字把企业或商品的特性及优点表达出来。

长着又长成了父亲的样子，父子开始互相理解，开始相像。

我就是这样。直到我当电视台频道总监，父亲才理解我，原来媒体才适合我的个性，虽然没有继续做与文物相关的工作，但起码也成了一个优秀的媒体人。父亲还是比较欣慰的。

第三，事是事，戏是戏。我们在做一个真实故事的时候，一般的甲方单位，很容易被原型局限住，总是觉得"当时事情不是这样的呀"。但做电视剧需要形成"戏"，要有戏剧冲突和波折。做媒体的时候，我们既要尊重事实，也要比事实站得更高，一个好的媒体人要善于去发现事实背后独特而普遍的价值。过去我们讲新闻价值，讲典型场景、典型意义，其实讲的就是这个东西。

但是很可惜，二更是一个资本驱动的公司，需要快速形成商业模式，需要能够迅速地产生现金流变现或者估值，公司觉得以内容为主不是一个好的商业模式。

三年以后，我觉得二更的方向不是很明晰，和我想做的不一致，我就离开了。离开之后我就开始做微信公众号城市秘密。

采访组：城市秘密一直努力对杭州城市背后的改事进行发掘和传播，这种努力背后是您的兴趣驱动，还是什么？

王群力：首先我对城市文化确实有很大的兴趣。最开始的兴趣完全来自生活，是从房地产开始的。房地产改变了中国的城市，改变了杭州，我也通过买房子，观察各个区域的变化，得到了很多启示。慢慢地，我就发现了城市发展的一些规律，比如一个城市怎么使自己能够快速扩张？我发现一个城市要想保持房价不变，就必须要让更多的人来买房，更多人买房就要更多的人口流入，这又需要产业的支撑。所以渐渐地城市的逻辑在我脑海里越来越清晰了，我也越来越关注城市的各个板块。

我经常看一本很好的杂志《城市中国》。它专门研究和揭示中国城市建设和发展规律，讨论一些前瞻性和深入性的问题，对我知识储备方面还是有很大

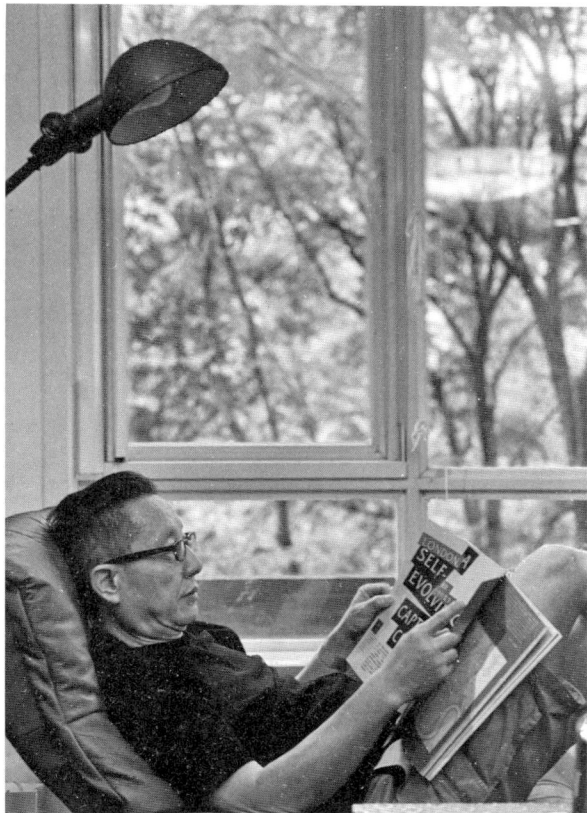

读《城市中国》杂志，这是读有用书籍刊物时最舒服的姿势

影响的。

我在杭州生活了 60 多年，看到了这座城市的很多变化。有一次有一批广告公司的人让我去给他们上课，我就准备了一个课件，题目叫《城市传奇，杭州秘密》。我发现一个城市在市场经济的大时代之下，一个区域板块会产生相当大的变化。于是我就觉得可以做一个专门来讲城市规律的媒体，就叫城市秘密。

得益于我在二更的工作经历，我了解了互联网阅读和互联网传播运营，2019 年，城市秘密就这么做起来了。开始运营之后，城市秘密又要如何实现它的价值呢？实际上就是用区域故事展示区域的内涵，揭示其中的价值。我们就从杭州湖滨开始讲。我们出了一个系列叫"湖滨十章"，分十篇故事来讲这个地方。我们对这个系列的定义是"区域价值白皮书"。

湖滨是 20 世纪 20 年代中华民国政府建立以后，真正用现代城市理念来规划杭州城的第一个城市区域。湖滨一开始的规划，街道为纵横走向呈网格状，有六个城市公园，街道端口有雕塑作为视觉终点，有住宅和商铺，还有第一个真正的现代菜场。我们说的"三面湖山一面城"就是这个时候形成的。这个规划建设全部完成大概花费了二三十年时间。我们用非常丰富的细节、历史文献以及图片和文字，甚至还有湖滨土地的"标卖地图"这样珍贵的历史资料，再现曾经发生在这里的生活故事，激发起读者的记忆与参与感。

王群力（左一）与时任浙大城市学院校长罗卫东（右一）
一起拜访原浙江省文物考古研究所所长刘斌（中）

这样的分析是非常激动人心的，人们终于知道，一座城市的美是有规律的，价值是可以用知识进行感知的。文章发出来后，有很多评论和转发，广受好评。

我们大概写到第五篇的时候，有人看到了深层逻辑，留言说你们不是写文章的人，你们是懂城市逻辑的。于是我们对外开始有了商业性的合作。

2019 年夏天，公众号第一轮推送期间，我们还做了一个"城市理想图"项目，请了五家设计单位，通过共同制作一个虚拟的城市设计，恢复已经消失的浣纱河。这个设计非常出圈，杭州市规划局的领导看后说这个规划太好了，让我们的"理想图"在杭州市城市规划展览馆展出。

城市秘密这个自媒体更像一个受大众欢迎的、符合大众共识的城市专业媒

城市秘密策划了"城市理想图"项目，邀请五家设计单位，进行了杭州浣纱河恢复设计

体。同时，它以非常形象具体的故事，以细颗粒度的解读，对城市进行系统化表达，对每一个区域都在垂直纵深上深入挖掘，形成了深水炸弹般的效果。

对我个人而言，我也通过这样的文章来表达自己对城市的情感，对城市考古、城市规划、文化遗产的理解。这使我从一个单纯的媒体人，成为这个领域的专家型媒体人。

除了兴趣使然，还有一个动力推着我去做这个项目。作为媒体人，我已经不满足于仅仅在报纸上出现我的文字，我想参与其中。我尝试给出一些自己的见解，看看能不能用我的力量参与、赋能到一些具体的城市建设当中，推动这座城市的改变。这个才是我真正的企图所在。

比如前面提到的"城市理想图"项目就是一个很好的例子。再如杭州西站建设我也介入得很深，西站的云门建筑模型曾经被拿到我工作室来讨论。

因为做城市秘密，我走过城市各个角落，这是转塘三江汇流的地方

人的成长没有终点，要能够与时俱进，跟上这个时代所需要的命题。我的知识储备也不是一天就有的，是伴随着我的生命成长，在我的生活经历和工作经历中不断完善起来的。

采访组：您曾经说过，一个媒体产品诞生初期不具有解释的机会，需要有引人入胜的力量。城市秘密诞生初期，它引人入胜的力量是什么？

王群力：引人入胜的力量，就是城市的秘密，一些你闻所未闻的故事，这些故事是有助于你理解这座城市的。有些人看过我们的文章后，会发现"好像错过了什么"；或者恍然大悟，"原来是这样的"；还有更多的人会觉得，"你说得很对，我当时也看见过这个事实"。这样一来，读者或者受众会有强烈的参与感，我认为"参与"才是一个媒体最重要的成果。

采访组：您的职业生涯从业范围很广，而且 39 岁才从事媒体行业，退休后又从传统媒体转型到新媒体，能总结一下您不断从容切换赛道的秘诀吗？

王群力：我的媒体经历实际上是一个渐进的过程，从开始的"票友"，到逐渐完成知识积累和各种准备工作，最后达成一个个赛道的切换。

我是要么不碰，碰了就必须要介入的性格。有一个朋友说我这个人，第一好奇心强，第二介入感强。我觉得他讲得挺对的。

比如影视剧行业，其实我也可以用业余时间帮人家策划，不进入这个行业，但我没有这样做。在 51 岁生日的时候，我跟自己谈了一次话：60 岁之前，你还有什么事情想干而没有干？当时我觉得影视剧是我"想干而没有干的"，于是就投身这个行业干了 9 年，最大的成果就是前面说过的《温州一家人》，还写了一些相关论文。

王群力在浙江大学讲课

采访组：您经历了传统媒体，退休后直接切换到新媒体，我们想知道您对新媒体是怎么看的。

王群力：新媒体的要旨在于人际传播，而人际传播的要旨是什么？我认为是"人设"。

比如我们做朋友，我天天跟你讲传播学理论，你肯定很烦。但我如果和你说有一个吃饭的地方，你肯定没去过，或者带你去看很有意思的东西，你会觉得：这个人太有意思了。这样一来，我的"人设"就树立起来了，这个时候我再跟你讲话，你就特别感兴趣。新媒体，除了在传播界面上有极大的变化之外，没有什么特别的东西。

采访组：最后，我们非常希望能得到您对我们这些后辈的建议和寄语。

王群力：做最适合自己的事情，做最喜欢的事情，不要勉强自己。

我的工作经历就是这样的。我做任何一种工作的时候从来不会怀疑正在做的事情，虽然有时会"事后诸葛亮"一下，觉得这个事情做得还不够完美。

所以，一定要坚持做自己喜欢的。

还有，我们做媒体也好，读书也好，无论做什么，人格都是最重要的。人格是什么？格局。格局是什么？是敢于放弃自己最珍贵的东西。命都舍得，还有什么不舍得的？我在切换赛道的时候，是义无反顾的。什么职称，什么既得利益，基本不在我的考虑范围之内。

比如做广告的时候我已经做得很好了，却转行去了浙江广播电视报，在那里我的工作也很受认可，可我又义无反顾去了电视台，现在终于换到了城市研究这个赛道上。

最后，我觉得媒体人更重要的是要保持自己的本色，保持一颗赤子之心。只有这样，等到老了才不会觉得自己白活一场，个人也才能带上岁月的光芒、生命的质感、思考的力量。这三个东西相加不就成为一个人最强大的力量了吗？

冯卫民：做有思考的"记录者"

采 访 组：曹涵琦、赵玥、郭嘉、毛佩瑶、岑琛柯
采访时间：2022 年 11 月 11 日
采访地点：冯卫民宅

冯卫民，1956 年 3 月生，浙江杭州人，1980 年 7 月毕业于杭州大学中文系新闻专修科。1980 年 8 月进入浙江日报工作，先后任浙江日报夜编部编辑、副主任，经济生活报副总编、总编辑，浙江日报总编辑办公室主任，浙江日报夜编部主任、财贸部主任、工交财贸部主任，浙江日报报业集团编委、副总编辑，浙江省新闻工作者协会副主席。获高级编辑职称。

长期从事经济报道的采编和组织策划，3 件作品获中国新闻奖，几十件作品获浙江新闻奖等省级以上奖项。在省级以上新闻业务刊物上发表新闻论文十几篇，著有《品味生活》一书。

2015 年 8 月由浙江日报报业集团副总编辑转任浙江省新闻工作者协会副主席，此后，多次为省市新闻单位和专业培训班授课。其间受邀担任了三届中国新闻奖评委，并多次担任浙江新闻奖专家和评委。

采访组：冯老师您好，非常荣幸能够采访您，请先介绍一下您的从业经历。

冯卫民：我是 1956 年 3 月出生的。1973 年 12 月高中毕业后在家待业一年，1974 年 12 月，我作为知青到临安县（现杭州市临安区）东天目公社天目大队插队，下乡期间当过公社中学代课老师，教的是语文和体育。

1977 年恢复高考，我考入了杭州大学（现浙江大学）中文系新闻专修科，实际上是一个新闻班，由浙江日报和杭州大学合办，因为"文革"影响，当时浙江日报人才短缺，急需补充新人。

大学时期的冯卫民

我们这个新闻班就办在浙报编辑部大楼里，报社腾出一个大办公室作为我们的教室。文学语言方面的课由杭州大学中文系的老师来上，新闻理论课由复旦大学新闻系的老师来上，新闻实践课的老师则由浙报资深编辑记者担任。我们当时学习的条件是比较好的，平时可以看到浙报的编辑、记者在墙上挂出来的评报意见，浙报内部印发的一些新闻业务资料也会发给我们学习。那时的学习氛围跟现在大学新闻院系的氛围不一样。

我们班一共有 40 个同学，毕业以后其中 24 个进入浙报工作。到单位正式报到以后，当时分管人事的副总编辑找我谈话，说组织上安排我到夜班编辑组（后来改为夜编部）工作。夜班编辑组主要是下午和晚上工作，浙报编辑部各个组每天发的稿子都汇总到我们这里，我们负责选稿、编稿、组版，也就是报纸最后的编辑出版环节，经过这个环节，报纸就开印了。

所以我到浙报一开始并不是做记者，而是从编辑开始做起的。最开始，我心里是有想法的。因为我原来想，到报社肯定就是做记者了，做记者可以写稿子，稿子可以在报纸上登出来，可以出个名，有成就感。但是做编辑的话，第一，晚上工作蛮辛苦的，一般要工作到凌晨一两点，每天都这样；第二，编人家的稿子，编好了，获奖了，也没我的份，属于"为他人做嫁衣"。但后来我又想，我从插队下乡过来能够在浙报这个省委机关报工作，已经很幸运了，我也非常自豪，所以心就安下来了。

其实我当初是想多了，实际上记者跟编辑很多时候是分不开的。比方说我后来在工交财贸部当主任的时候，就是既做编辑也当记者，即便是社长、总编辑，自己写了稿子署名也是"本报记者"。

现在回想起来，在浙报夜编部工作的 6 年，对我的锻炼是很大的，比如说把关意识、政治意识、全局意识、统筹意识，还有编辑能力和文字水平，都在那个时候得到了快速提高。在这 6 年里，我入了党，还被评为省级机关先进工作者。

1986 年底，浙报要从经济生活报抽调一部分骨干力量去办《钱江晚报》。为了补充经济生活报的领导力量，我从浙报夜编部副主任岗位调任经济生活报副总编。1992 年，经济生活报老总编吕韶羽同志离休，我就接任了总编辑。

1995 年底，我调任浙江日报总编辑办公室主任。1997 年以后，我的职务变动比较多，做过浙报夜编部主任、财贸部主任、工交财贸部主任。

入职浙江日报初期

冯卫民（右一）在经济生活报工作期间，接待来访外国同行

2001 年以后我先后任浙江日报报业集团编委、副总编辑，2015 年 8 月转任浙江省新闻工作者协会副主席。到 2018 年 12 月底，我退出了全部工作岗位。

采访组： 请冯老师谈谈从业以来印象最深刻的报道经历。

冯卫民： 2005 年有一个报道，到现在我的印象还是很深刻。那个时候，全国包括浙江的经济形势都处于一种比较粗放式发展的状态，我们的经济结构迫切需要调整，要转变生产方式，提高发展质量。那时候，时任省委书记提出并多次强调经济发展要"腾笼换鸟""凤凰涅槃"。

简单地说，"腾笼换鸟"的意思就是要把落后的产能淘汰掉，把先进的产能引进来。当时浙报编委会开了个会，部主任以上干部都参加了，讨论如何宣传好关于"腾笼换鸟"的重要论述。

宣传报道可以有多种形式，比方说可以用典型报道的办法，选一些来自地方或者企业的好典型来进行报道，让别的地方和企业学习；也可以写综述性报道，将观点和具体事例相结合。开会讨论的时候，我觉得还是应该先把"腾笼换鸟"的丰富内涵用评论的形式全面地阐述出来，也许效果会更好。最后编委会决定用"本报编辑部"的署名推出文章，并让我来牵头完成这篇文章。我先起草了一个千字左右的提纲，然后找了三位记者，分成三块让他们分头写。三个人分头写出来的内容难免交叉重复，初稿交给我时，总共有 1.5 万多字，我后来就把稿子编辑修改到了 7000 字左右。

这篇文章主要由三大板块组成，第一个板块是"什么叫'腾笼换鸟'"，第二个是"为什么要'腾笼换鸟'"，第三个是"怎么'腾笼换鸟'"。文章引经据典、旁征博引，光是小标题就有六个，用了国内外大量实例来印证观点，具有一定的深度和可读性。

文章在《浙江日报》头版显著位置刊登以后，当时的省委宣传部部长把总编和我叫到他的办公室。他跟我们说，《浙江日报》发表的编辑部文章《"腾笼换鸟"促发展》确实好。首先是选题好，敏感地抓住了"腾笼换鸟"这一概念，符合当前落实科学发展观的要求，文章整体内容也符合省委的要求。再一点，形式好，吸引眼球，会引起人们的关注。最后，文风也好，不是程式化的，有创意。

《"腾笼换鸟"促发展》相关版面

中宣部新闻局的《新闻阅评》也对这篇文章做了比较高的评价，认为这篇文章写得生动形象，充满理性色彩，又以事实说话，表现了好的文风，为搞好正面宣传增添了一个新的亮点。

我们后来又陆续推出了数篇编辑部文章。此后，每逢大事要事，《浙江日报》就会发一些重要评论，并把署名改为"之江平"，一直延续到现在。

通过组织撰写这些重要文章，我有一个体会，就是作为党报记者，包括编辑、总编辑，都要去思考所在区域的发展和党委政府的工作重心，并且要有所作为。当时省领导并没有叫我们写这样的文章，我们经过讨论后做出这一尝试，结果证明效果是好的。媒体怎么来服务大局？这就是。

采访组：您是经济报道的行家，请再谈谈有关经济报道领域的其他报道经历和故事。

冯卫民：我是从在经济生活报工作的时候开始搞经济报道的。我觉得经济报道，特别是像经济生活报的那些报道，要贴近群众，贴近实际，贴近生活。

我在经济生活报工作的时候，组织过一次跟踪报道。那是 1995 年，当时我们的记者写了一篇报道《劣质盐缘何难绝迹》。劣质盐是一种含有有毒物质的盐，长期食用这种盐对人的身体会造成很大的影响，特别是对下一代的智力发育有很大影响。那么这些盐为什么会流到我们浙江来？调查后发现，主要是这种盐价格便宜，有些老百姓因为便宜就去买，但他们不知道这种盐里面含有有毒物质。

我认为这是一个值得报道的选题，就组织记者做了一个跟踪报道的方案：这种盐是从哪里过来的？怎么过来的？经过了什么样的渠道？有没有保护伞？这就要求每一个环节都必须去采访，包括盐业主管部门、铁路等，要层层跟踪报道。后来我们就这个内容做了 6 篇报道。报道出来后，相关部门严查各环节，包括盐业主管部门的一些领导被处理，铁路部门也进行了整改。

我们的这些报道刊登以后，新华社浙江分社的记者和我们报社的两个记者合作写了一篇新华社内参。这个内参引起了中央领导的高度重视。后来江西、浙江两省组成特别调查组，对劣质盐的生产和贩销做了认真严肃的处理。

这次报道经历使我体会到，经济报道一定要关注老百姓关注的人和事，这样的报道才有生命力。经济报道有时候会很枯燥，其实我们只要贴近百姓、贴近生活，就不会枯燥，也会有可读性。

为了避免经济报道容易枯燥的情况，我们做过一些探索。有些题材本身挺枯燥但重要，这是必须要报道的，不能回避这样的题材，但我们可以想办法把

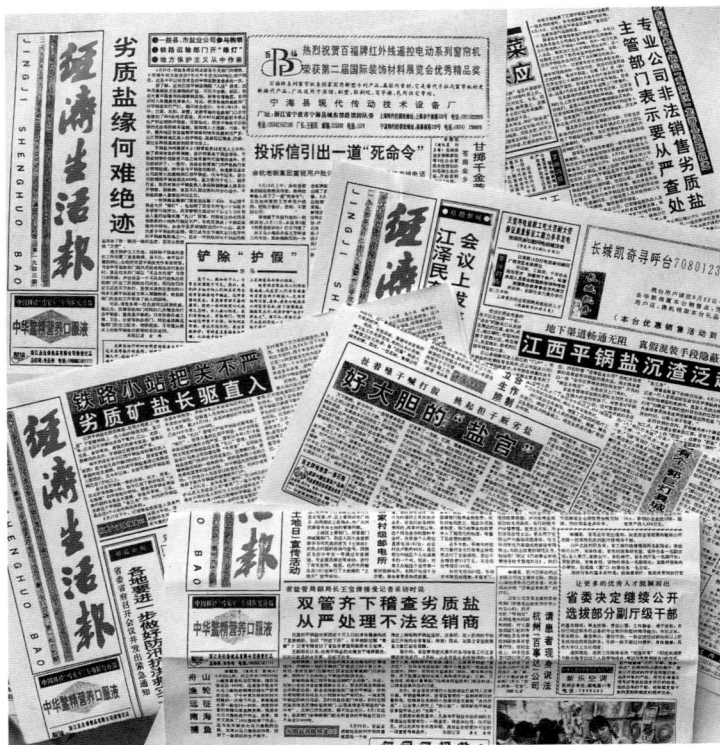

劣质盐相关报道

它写得通俗一点、好看一点。

2001 年，我和一位记者合写了一篇关于我省食品工业的采访手记《吃，期待革命》，刊登在《浙江日报》头版。食品工业的报道难免枯燥，怎么办？我们没有从数字入手，而是从百姓的日常生活着笔。文章开头就举了一些百姓生活的例子，比如，早上吃的牛奶、一份微波食品；中午的工作餐、快餐，包括一瓶饮料、果汁；下班从超市带回的净菜等，一下子拉近了与读者的距离。然后再讲"吃的革命"的深刻意义，阐述它会给我们的生活、现代化发展带来什么样的变化，层层递进地去讲。

经济评论也是经济报道的一个重要方面。新闻专业的学生以后走上工作岗位，要重视评论的写作。我从经济生活报开始，到后来回到浙报工作，一直很喜欢评论，经常自己动笔去写。在经济生活报的时候，我们开设过一个新闻评论的专栏，主要是围绕当时发生的经济现象做一些评论。我在报社大院找了几个比较喜欢写评论的同事，包括我自己，每人轮着写，很有意思。

针对当时邮局投递一家独大、效率不高的现象，我写过一篇评论《会不会冒出个"联邮"？》。"联邮"这个说法是我自己想的。移动通讯网络发展过程中，中国移动先出来，然后中国联通又出来了，这就对中国移动形成了竞争压力和冲击，迫使双方都要提高服务质量。我就由此联想到邮政。20世纪90年代，还没有快递物流，报纸、邮件、汇款都是通过邮政系统传递。我的这篇评论的观点就是如果邮政不改变"老大做派"，不改善服务质量，肯定会冒出另外的物流系统。事实上没隔几年，大大小小的快递物流公司就陆续冒出来了。

搞新闻评论还是蛮有意思的，新闻很多时候只是报道了一个现象，但评论却可以提升新闻的价值。

采访组： 正面报道往往容易被人误解为工作报道和表扬报道，是缺乏吸引力的。您对这种说法怎么看？请谈谈您曾经策划或采写的正面报道经历，分享一下做好正面报道的心得。

冯卫民： 正面报道确实比较容易被误解为工作报道、表扬报道。如果我们不去研究，只是为了挣工分，也容易把正面报道做成工作报道和表扬报道。比如，有的记者参加一个会议，领导讲话稿一拿，或者到一个单位去采访，也是相关资料一拿，回来以后改头换面写成一篇稿子，就觉得是正面报道了。这样的正面报道肯定是不受欢迎的，而且被报道的单位也不一定会喜欢。因为这种稿件中没有记者自己的思考，没有生动的故事。

怎样写好正面报道？有一次去温州采访的经历我至今难忘。温州是我省市场经济起步较早的地方，而且温州人也是外出经商做生意最多的一个群体，但是温州也是比较有争议的一个地方。即便到了2004年、2005年的时候，省外有些媒体对温州的质疑之声也时有耳闻，说温州资金外流了，企业外迁了，经济不行了，等等。

事实究竟是不是这样？我们专程去温州，和温州分社的同事一起采访。其中我们采访了当时的温州市委书记，书记和我们讲，温州经济不仅要讲 GDP，更要讲 GNP，还要看温州老百姓的日子过得怎么样。GDP 是国内生产总值，GNP 是国民生产总值。意思就是说温州人所创造的财富，不仅有在温州这块土地上产生的价值，还有在温州以外的地方，包括在世界各地所创造的财富。我记得，曾经有一年某部门统计过，外出做生意、办企业的温州人从全国各地汇到温州各银行个人账户上的钱有 300 多个亿，这是赚回来的真金白银啊。这就是温州的特殊性，也是一个很好的采访点。

然后我们在温州采访了相关部门、企业，包括一些县、区、市，最后发了两篇报道，一篇是《换个视角看温州》，另一篇是《再创温州新优势》，两篇报道为温州树立了正面可信的形象。正面报道要有现实针对性，才有说服力。

正面报道是多彩的，不是固定一个模式的。我们的正面报道，很多时候要高屋建瓴，要围绕党委政府工作大局来谋划。2003 年我们曾经做过一个题材重大的正面报道。

2002 年底，党的十六大提出"加强东、中、西部经济交流和合作，实现优势互补和共同发展，形成若干各具特色的经济区和经济带"的要求。2003 年 7 月 10 日，时任省委书记习近平同志做出"八八战略"重大决策部署。根据其中关于"进一步发挥浙江的区位优势，主动接轨上海、积极参与长江三角洲地区合作与交流，不断提高对内对外开放水平"的意见，浙报做了一个有关长三角的系列报道方案，这个方案由我负责实施。

我们组织了两个采访小组，分别到上海、江苏等地采访。最后推出来的系列报道开篇就是习近平同志的访谈，接着就是上海、江苏的系列报道，还有多个座谈会领导、专家、企业家的发言摘要。整个系列报道持续了一个多月，一共有 20 多篇（组），声势浩大。

长三角系列报道首篇《主动接轨 真诚合作
共同推进长江三角洲地区经济社会发展》

　　正面报道既要有"高大上"，也要有"小而优"。小而优，就是要以小切口、小角度叙事，以小见大，这样的报道往往会出奇制胜。

　　2000年下半年，根据省里"要充分地宣传好浙江精神"的指示，报社社长召集大家开会研究，决定推出《钱江浪花》专栏。

　　专栏本着"一滴水能反映出太阳的光辉，一朵浪花能显示出时代的精神"的思路，报道一个个企业最具特色、最有亮点的故事，而这些故事恰恰又能反映企业的发展和创新。

为此，我们在全省选了很多企业以及市场典型。当时我在工交财贸部担任主任，很多报道由我们部来承担。报道推出后引起了很大的反响，很多企业要求我们帮他们做报道，因为觉得报道很好看。后来《钱江浪花》获评中国新闻奖名专栏奖。我觉得正面报道如果能够做到"寓精神于人的活动之中"，这样的报道就非常有可读性。

采访组：《钱江浪花》的一些优秀报道案例可不可以跟我们讲一讲？

冯卫民： 可以讲讲桐庐圆珠笔。圆珠笔是一个单价很低的产品，这么一个不起眼的小产品，桐庐是怎么将它发展成为一个大产业的？其中肯定有值得探究的东西和启示。桐庐圆珠笔产业其实反映了浙江经济的一个特点：浙江有很多企业做一个产品，往往能把这个产品做到极致，市场占有率高，影响就大，产业也就做大了。这样的故事在浙江省是很多的，关键是怎样去挖掘它。

还有个体会，就是媒体每年都要做的年终报道，实际上这也是正面报道很重要的一个类别。年终报道要做好不容易，因为年终报道年年做，又不能雷同，每年要变一个花样。2004年，我们策划了一组年终报道《2004，我们这样走过》。

这组报道采用的形式是点面结合：首先给出面上的信息，再选取点上的个案，并且配上照片或图表。其中有一篇《开始实现的梦想》，是关于统筹城乡发展的故事，讲的是统筹城乡发展以后，农村老百姓的生活有什么样的变化。面上的数据作为素材资料当然可以作为报道的组成部分，但是生动的故事是必不可少的，所以这组报道就选取了平阳、余姚、慈溪、诸暨四个县市的村、街道社区，采写了四个故事。第一个故事：种粮也能种出"金元宝"，种粮获得了好收成。第二个故事：小村犹如在画中，村庄的环境变好了。第三个故事：我多了"9个儿子"，村民每月可拿养老金，晚年生活有了保障。一个村民说，他有3个儿子，儿子们每年给他1200元，相当于每个人400元。参加养老保险后，他每年可以领到 3000 多元养老金，差不多相当于有 9 个儿子给他钱。第四个故事：进城念书，政府"买单"。村民们积极学习实用技术，增强就业本领。

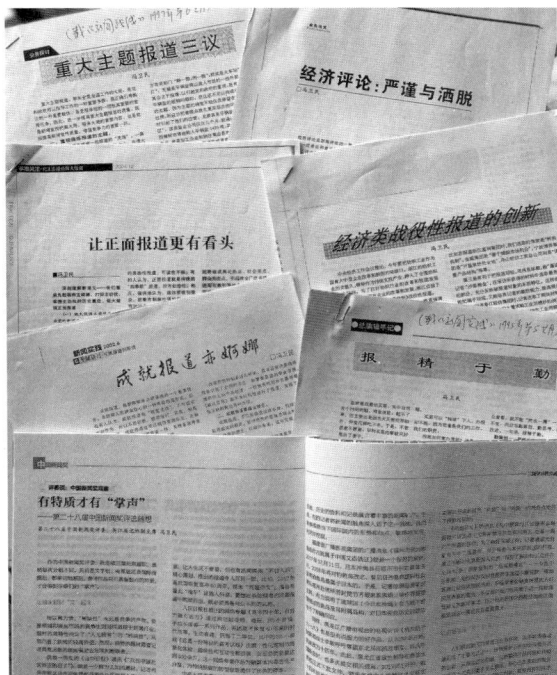

冯卫民发表的研究文章

我写过一篇关于正面报道的论文，探讨怎么做正面报道。我觉得可以从以下八个方面做些尝试：第一个是围绕各级党委、政府的中心工作展开正面报道，增强党报的影响力；第二个是围绕基层实践展开正面报道，增强党报的吸引力；第三个是围绕政策法规展开正面报道，增强党报的公信力；第四个是围绕社会生活展开正面报道，增强党报的感染力；第五个是围绕热点话题展开正面报道，增强党报的说服力；第六个是围绕突发事件展开正面报道，增强党报的凝聚力；第七个是围绕读者需求展开正面报道，增强党报的亲和力；第八个是围绕负面现象展开正面报道，增强党报的渗透力。

采访组： 最后一点"围绕负面现象展开正面报道"，这个怎么理解？

冯卫民： 围绕负面现象进行正面报道也是蛮多的，比方说一个企业或者地方发生了问题，如环境污染什么的，对于企业或者地区来说，肯定是负面事件，这种负面事件怎么去报道也是有讲究的。

如果说出发点是为了让这个企业或地方解决问题，就不仅要报道污染的情况，后续还要报道他们怎么改进，改进以后产生什么积极的反响，或者是积极的成果，这样就会把坏事变成好事。

但有的媒体就纯粹来揭丑，实际上就是要让人"好看"。个别媒体搞负面报道，动机不纯，以负面报道相要挟谋取私利，对方不愿意，就捅对方一"刀"，这就更不对了。

采访组： 您觉得在这八个经验当中，有没有哪一个是最重要的？

冯卫民： 我觉得作为党报来讲，最重要的肯定是要围绕党委、政府的中心工作。当然，媒体的性质不同，重点就不一样。比如《钱江晚报》，根据它的报纸定位和读者对象，重点就应该是围绕社会生活、热点话题来做正面报道。

采访组： 您有不少作品获得过新闻奖，自己后来也成了新闻奖的专家和评委。您觉得什么样的新闻作品是好作品？怎样才能做出这样的好作品？

冯卫民： 好的新闻作品，不像工厂制造的产品，它没有硬性指标或者客观数据可以衡量。但好的新闻作品也是有规律可循的，比方说题材重大、有地域特色、形式创新、表达准确、有文采，这些要素能构成一个好的作品。

一个作品，题材虽好，但如果作品中的地点、人物名称错了，或者语法上有毛病，问题小一点的，不能评一等奖，问题大一点的，就取消评奖资格了。当然，我们不能说获奖作品一定十全十美，也不能说没有获奖就不是好作品，因为获奖作品的数量毕竟是有限的。我当过三届中国新闻奖评委，中宣部、中国记协主办的《三项学习教育通讯》杂志约我写过两篇评奖体会文章，一篇是《有特质才有"掌声"——第二十八届中国新闻奖评选随想》，另一篇是《居高声自远——从中国新闻奖获奖作品看"弘扬社会主义核心价值观"主题宣传创新》。

在《有特质才有"掌声"——第二十八届中国新闻奖评选随想》一文里，我写了五个观点。第一个观点，让独家题材"亮"起来。好的作品要么是题材重大的，要么就是很独特的，人无我有的那种。

比如《金华日报》的不少获奖作品，题材都来自义乌。为什么？因为义乌是一个有特色的地方：第一，义乌是中国最大的小商品市场所在地；第二，在义乌小商品市场里经商的外国人很多。有一篇作品讲外国人来当市场调解员的故事，就很有特色。为什么要让外国人来当市场调解员？比方说商户是个中国人，客户是个外国人，外国客户来买产品，买了以后认为产品有问题，要退货，中国商户不愿意退货，商户和客户两个人就有纠纷了。这个时候如果是中国人来调解，外国客户肯定觉得中国人会偏袒中国人，但如果是外国人来调解、讲道理，外国客户就会比较服气，因为客户更容易相信调解员是公平的，容易接受。这样一来整个市场的纠纷就越来越少了。这个新闻能获奖，是因为这个题材别的地方没有，具有稀缺性。做新闻要抓住每个地方独特的题材，寻找独特的价值。

第二个观点，让同题报道"精"起来。每年的一些大节点，比如重大的事件、节日，媒体都会去报道。同样的题材，怎么去报道？各家媒体的报道送到评委这里，评委们觉得它的报道角度好、表现形式新颖，一般这个奖就会评给它。所以我觉得，同题报道要考虑怎么做精、做新、做活，这个很重要。

第三个观点，让沉睡史料"活"起来。史料用得好，也可以成为一个有价值的新闻要素，有些史料藏在档案馆里，不为人知，要怎么把它用活？《今日早报》曾经发过一组档案解密报道，所有的材料都是从省档案馆里选的。选出

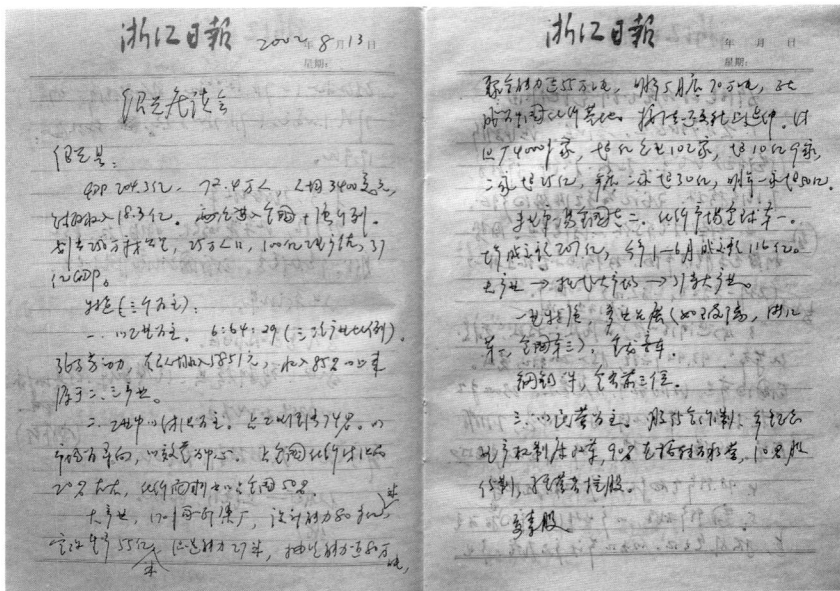

冯卫民的工作笔记

一个素材后，将与此相关的健在的人跟档案材料结合起来做深度报道。比方说围绕一个战役，让还在世的当事人出来讲述评说，就把史料用活了。

第四个观点，让对外报道"强"起来。现在，省或市一级媒体的对外报道是相对薄弱的。中国新闻奖有个特别的奖项，叫国际传播奖。如果国内的媒体在国外或者境外的媒体上发表了好的新闻作品，也可以获奖，但现在省市级的媒体基本不太注重这一块。

中国新闻奖获奖作品中有这么一篇报道：四川的一家媒体报道说，有个城市幼儿园的门口要修地铁站，原来在那里的一些花坛就要被移走。但这时候已经有几只鸟在花坛上孵小鸟了，大鸟孵小鸟的时候，如果受到惊动就会飞走，小鸟就孵不出来了。幼儿园的老师就跟地铁部门沟通，说能不能够晚几天，让小鸟孵出来以后再修。地铁部门同意了，一直等到小鸟孵出来了才继续工作。

这个报道能够获奖，说明什么呢？因为它通过报道向世界传递一个信息：

中国人对生态保护还是非常重视的，是很有爱心的，并不像有些国外媒体宣传的那样。这样的报道发在国内媒体上，因为事情很小，可能不会引起很大的反响，但放在国外的媒体上，有一种特别的传播价值。所以，我们现在在对外报道中要注意选择对路的题材，转变话语方式。

第五个观点，让传播手段"新"起来。我们需要在内容和技术上双管齐下，如果内容好，形式也新，传播的效果就更好。有时候有好的题材，但传播手段不行，照样不能吸引受众。

我的评奖体会文章《居高声自远——从中国新闻奖获奖作品看"弘扬社会主义核心价值观"主题宣传创新》，主要讲的一个道理就是身居高处声音就会传得更远，也就是说报道品位高、格调高，各方面都好的话，就会传播得很广，受众就会欢迎。这是我对获奖作品的阅评感受。

采访组：新媒体技术的发展使传统媒体面临巨大冲击，您当年作为浙江日报报业集团副总编辑、钱江报系总编辑，是如何面对这种变化和冲击的？

冯卫民：新媒体发展的确对传统媒体形成了很大冲击，现在依然是这样。我认为现在我们传统媒体在做新媒体方面还是没有走出特别顺的路。

我负责钱江报系的几年间，我们也尝试做一些新媒体，来适应读者的需求。以前说，手机客户端讲"快"，PC端讲"全"。现在融合以后，我觉得这样的分类已经不准确了。

我们当时做了一些新媒体方面的探索，比方说钱江晚报推出的电子报、钱报网、钱江晚报微博、浙江24小时手机客户端、钱江晚报微信矩阵、竞合传媒等，这些东西实际上都是当时应对新媒体冲击的一种探索。还有像今日早报，也弄了很多新媒体，包括电子报、早报官方微博、早报微信矩阵等，内容上更多的是提供一些资讯、生活、求学、寻医、理财、购物等方面的服务。现在回过头看，当时传统媒体做出的这些尝试，其实都还是比较初步的，说要能摆脱新媒体的冲击，也是不可能的。

我个人的体会是，在体制里面的媒体，有的方面真是竞争不过体制外的媒体。比方说今日头条，它算是一个新媒体，基本上是不受体制约束的。它用的新闻信息很多来自传统媒体，我们有的东西它也有，它有的东西我们却没有，而且有些东西我们是不能用的。所以，体制内的传统媒体在发展新媒体的路上是很艰难的。现在媒体基本上都是自负盈亏，产生不出效益就没法儿走下去。所以这个方面的探索路还很长。

采访组：您在浙报集团工作期间，培养了不少年轻新闻人，您能否谈一谈培养年轻新闻人的经历和体会？

冯卫民：我觉得讲"共成长"比较好，不能光讲我培养他们成长。年轻人有年轻人的特点，有朝气、有活力、有激情，年轻人接受新事物也更快。我觉得跟年轻人在一起，在某些方面我也在成长。

培养年轻人，我觉得有两个前提。第一个，作为年轻人来讲，首先要有事业心、进取心，我觉得他们自己的内在因素是最重要的。

第二个才是怎么去引导他们的问题。培养年轻记者，最直接的老师就是部主任，而不是总编、副总编，我是这样认为的。打个比方，部主任就像农村的生产队长，他既要派活，自己又要干活。不是从农村出来的人是没这个体会的，我下过乡，知道这个事。农村的生产队长，每天晚上就在想明天张三去干什么活，李四去干什么活，当然自己也一定去干活，而且是干重活。

报社里的部主任其实就是这样的角色，他要派张三写什么稿子，李四写什么稿子，他自己也要去写稿或者编稿。部主任每天跟记者在一起，最了解记者的脾性、水平、特点。我原来部门里有些"快枪手"，出手很快，给他一个题目，一回来就写出来了。有些记者给他一个任务，他可能得磨个两三天，慢工出细活，但是拿出来的稿子基本上不需要怎么改就可以用了。

知道每个人不同的特点就可以因人施策，什么特点的人就写什么稿子。记者的特点部主任比较了解，总编、副总编就不一定了解。包括我到了副总编这个岗位以后，我对有些记者的特点也不太了解。我管部主任，记者由部主任去管，大家分工明确，所以我觉得在培养年轻人方面，部主任的作用非常关键。

那么具体怎么去培养，怎么和年轻人共成长？我有三个体会。

第一点，要采取有利于年轻人成长的措施和制度。我在做部主任的时候，我们部门每周一要开工作例会，总结上个星期的工作，再布置这个星期的工作。在这样的例会上，我们推出了一个措施，叫作"记者轮流主讲制"。一个部门十几个记者，一次例会由一个记者主讲下个星期要做的重点选题，可以跨越分工范围和跑线范围。

这个措施就是让记者不要老盯着部主任要题目，也不要局限于自己的分工跑线，这样可以逼着他们去思考。思考的过程中还要了解很多信息，比如现在社会上有什么现象、有什么新闻、有什么情况，他要先去了解，再分析有什么东西可以做报道。

记者主讲的选题一旦被确认，就由这个记者领衔采写，他也可以点名要谁协助做报道。这样做有什么好处？实际上，这个记者在某种意义上承担了部主任的部分职能，这时的他考虑问题不仅要站在个人的立场上，更要考虑部门应该做什么样的报道。这样的锻炼对记者的成长帮助就很大了。

第二点，部主任不能当甩手掌柜，要亲自动手。我刚才说过，生产队长是要干活的，部主任自然也是要干活的。当时我主要是给记者修改稿子，很多稿子我要花很多精力去改，有两篇获中国新闻奖的评论都是经过我认真修改的。

有时候，有些稿子的基础还是不错的，但是没人给他改，最后就没机会获奖了。我觉得部主任一定要亲自动手改稿子，这样年轻人看得见稿子原来是怎么写的，现在改成什么样子了，时间长了，就会有领悟，比你泛泛而谈有效果，管用得多。

第三点，我觉得对年轻记者的成长进步要感到高兴，不要怕被他们超越，而且要乐见被超越。有的部主任可能认为自己水平比年轻人高，年轻人想超越他，他就要压年轻人一头，如果这样想就不利于年轻人成长了。我有一个观点，

第十四届中国新闻奖获奖证书

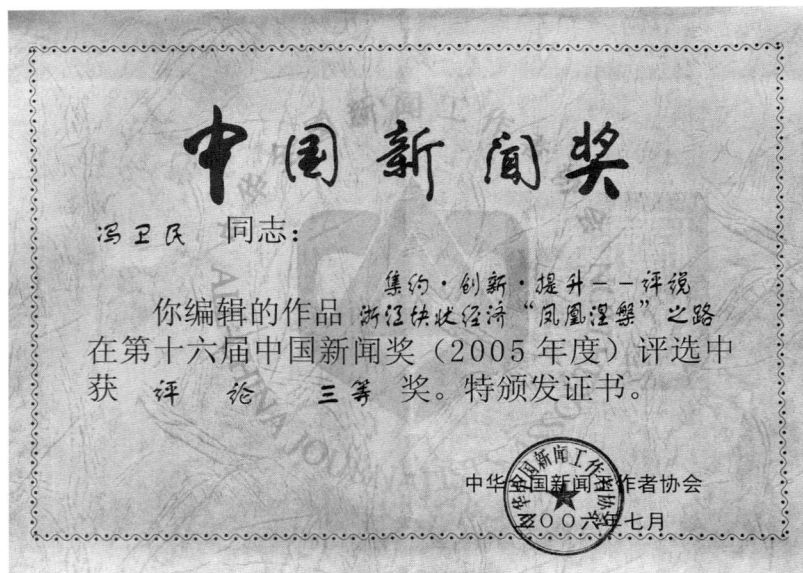

第十六届中国新闻奖获奖证书

我认为我这个部门里只要有人获奖了，就说明我这个部主任领导得好。这样想的话，我也就不在乎自己能不能获奖。我的获奖作品，有不少获的是编辑奖。我希望记者能够成长得快一点，因为作品获奖对他们来说，在晋升职务、职称评定方面都是有用的。所以部主任心胸要开阔一点，长江后浪推前浪是历史规律，我们不能违背它。

采访组：新媒体技术使新闻行业正经历巨变，我们非常希望能得到您对我们这些新闻后辈的发展建议。

冯卫民：我认为新媒体技术是一个新平台、新载体，但同样离不开内容生产，再好的平台，没有好的内容也不行。反过来讲，如果只有好的内容，但没有好的平台，传播也会受到影响。以后新媒体肯定是一个重要的发展方向，平台建设和内容生产要同时发力。

我在评中国新闻奖的时候，注意到有几个新媒体产品确实做得不错，比如《中国青年报》做了一个 H5 作品《今天，请给他们一分钟》，讲的是清明节时，在特定的一分钟里，向先烈们默哀，人人都可以参与其中。新媒体最突出的特点是能与受众互动，这个作品就是善用了新媒体的特点吸引受众，扩大了自身的影响力。

另一个是《人民日报》在庆祝中国人民解放军建军 90 周年的时候做的 H5 作品《快看呐！这是我的军装照》。大家可以用自己的照片生成自己穿军装的照片，这也是一个互动产品。还有，当时有一部叫《辉煌中国》的纪录片在央视热播，每一集播完，澎湃新闻便根据其中的故事，迅速剪成五六条小短片，然后在网上播，充分利用网民碎片化的时间，方便网民观看，宣传效果也很好。

关于年轻人的发展，第一，应当像浙江日报老总编江坪说的那样，要热爱新闻工作。如果不喜欢新闻行业，我觉得还是不要进入这个行业。这个行业竞争激烈，工作也不轻松，所以首先要热爱。

第二，我建议年轻人进入职场，特别是进入媒体，一定要抓住职业生涯的前5年。前5年如果没有冒出来，后面就有点难了。不是说5年之内一定要当什么官，而是说5年之内，业务水平要有长足的进步。如果5年内没有冒出来，后面就会被晚来几年的人赶超了。所以不要整天想反正年轻还有时间，慢慢来好了。时间不等人的。

第三，要跟领导多沟通，不仅仅限于业务沟通，也可以交心，把领导既看作老师又看作亲人。

第四，平时要抓住关键性的场合。比方说部门开会，不要随便敷衍几句，这个时候更能体现一个人的思考水平。可能很多人认为部门开会不重要，随便说说就可以，其实如果一个人有准备，考虑问题比较深，说得有见地，他获得的机会也会比别人多。

第五，采访很重要，写稿子要下功夫。部门开会的时候，有些记者汇报情况时讲得很好，但稿子写出来傻眼了，根本没有他汇报的那么好。掌握了大量素材，还要有能力提炼归纳出来。要多看优秀的获奖作品，仔细琢磨到底好在哪里，总结出规律，运用到自己的工作中，稿子才会越写越好。

对于年轻人来说，还要记住四个字：吃苦、吃亏。要吃得起苦，吃得起亏。媒体工作蛮苦的，我刚进入浙报的时候，一直都是值夜班。工作上的辛苦要能够承受得住。还有一个就是要吃得起亏，有时候觉得自己工作兢兢业业，但没有评上奖，也没有评上先进，这个时候可能会有情绪，按照现在的流行说法可能就是"躺平"不干了。我的人生经验是，有时候一时吃亏不要紧，做好自己，等待机会，把眼光放长远些。

赵小华:
我揭露黑暗面，但我希望引起正面反响

采 访 组: 邵雨涵、董依莎、季佳佳、俞丰君安、金泽宸
采访时间: 2022 年 12 月 2 日
采访地点: 浙大城市学院图书馆馆藏处

赵小华，1964 年 11 月生。1984 年毕业于浙江广播电视高等专科学校新闻专业，同年进浙江电视台工作，先后任新闻记者、《浙江新闻联播》主编，1994 年创办浙江首个电视新闻杂志栏目《黄金时间》并任制片人，当年获得中国新闻奖。

1996—1997 年，任浙江卫视广告部副主任，连续两年创收在全国名列前茅。

1998—2003 年，任浙江电视台体育健康频道节目部主任，全面介入体育赛事和产业，创办一系列体育类节目，负责转播女足世界杯等大型赛事。与他人合作撰写出版以绿城足球俱乐部反黑哨为内容的纪实文学作品《黄牌？红牌？——绿城、吉利反黑哨纪实》。

2004—2014 年，任浙江电视台经济生活频道节目部主任、浙江经视传媒公司总经理等职务，连续十年参与策划并执行"风云浙商"评选活动，担任颁奖典礼总导演，积累了丰厚的商界企业家资源。其间创办全国首个资本类节目《资本相亲会》，在经济圈反响强烈。

采访组：赵老师，您好，非常荣幸能够采访您，请先简要介绍一下您的工作经历。

赵小华：我从事电视媒体工作 30 年，以十年为界，大致分三个阶段。前十年我在浙江电视台从事电视新闻工作，做过新闻部记者、责任编辑、新闻栏目主编等。

第二个十年我很有幸参与了在浙江电视圈，甚至在中国电视界都颇具探索性的一次尝试：创办浙江卫视周末版。后面又去浙江卫视广告部做了几年策划营销工作，再后来参与创办了浙江电视台体育频道。

第三个十年我在浙江经视工作，担任节目部主任职务，负责全频道节目的研发、生产、管理，策划大型活动，参与了十次"风云浙商"评选活动和颁奖典礼，我作为总导演和制片人，收获是比较大的。

回过头想想，从学校毕业后我就进入了浙江电视台这么大的平台，刚好这 30 年又经历了中国电视起步、发展、辉煌的整个过程。作为一个媒体人，能在这么一个时代背景下投身电视行业，奉献青春和汗水，用责任和担当为浙江电视的发展付出自己的微薄之力，我感觉自己是很幸运的。

采访组：浙江电视台的《黄金时间》是浙江首个电视新闻杂志栏目，您当时是基于什么样的想法进行策划的？

赵小华：《黄金时间》是 1994 年创办的，那时我在浙江卫视新闻部已经工作了将近 10 年，这档节目在 1995 年和中央电视台《新闻联播》同时获得了中国电视新闻编排最高奖——中国新闻奖。

这档节目的开办不是我个人的想法，而是我们整个新闻部的创新。当时，电视新闻传播逐渐开放，同行们都在不断创新，消息类、调查类、评论类的节目都多起来了，有纯评论的、纯调查的、纯消息的，但是把它们糅合在一起的就很少。在此之前我们的电视新闻可以说是"全国一张脸"，都太严肃，我们想做一档综合消息、调查、评论，兼有软硬风格的新闻杂志栏目。

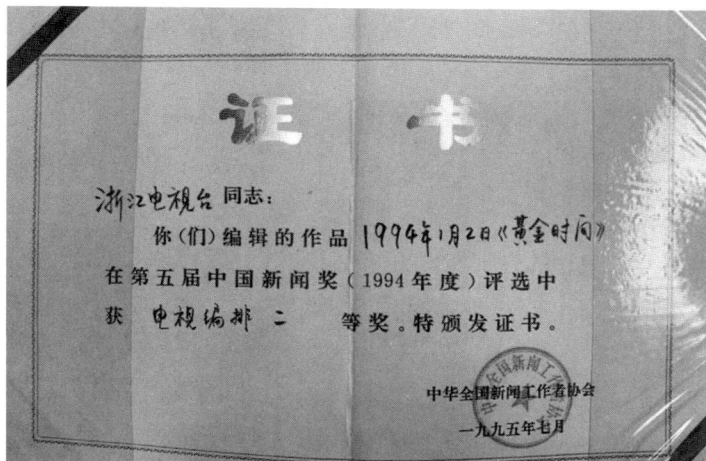

《黄金时间》获得第五届中国新闻奖电视编排二等奖

我是《黄金时间》栏目主编，负责日常运作、报道选题和节目编排。在《黄金时间》开办前，我已做了 6 年记者，两年《浙江新闻联播》的责任编辑。

《黄金时间》获中国新闻奖的节目是我们一个资深记者花了 3 年时间，跟踪采访金华十里亭两位拾荒老人的真实故事：他们在 20 多年间，领养了 9 个弃儿，其中有两个考上了大学。

这则报道我们侧重的是人与人之间的真情，讲述 3 年时间里记者与拾荒老人一家的情感联系、老人和小孩的情感关系。内容打破了普通报道模式，我们把记者与被采访人的情感交流与新闻事实融合在一起做，这就耳目一新了。

采访组： 赵老师，可以谈谈您早年新闻工作当中一些印象深刻的经历吗？

赵小华： 在我做记者的年代，学校毕业工作后，一般都要老师带上几年。那个时候我的领导也是带我的师傅给我出点子：如果你想早点单飞，就到基层去。于是，分配工作后半年不到，我就去了浙江电视台驻金华记者站。在记者站里，我自己找选题、自己独立采访、自己拍、自己剪，确实很锻炼人。

青年赵小华

那是 20 世纪 80 年代初，在金华地区跑新闻时，有两个事情让我这辈子受益匪浅。

一是对义乌小商品市场的持续报道。大家应该都看过电视连续剧《鸡毛飞上天》，讲的就是义乌小商品市场创业者的创业历程。当时义乌小商品市场刚刚起步，我对义乌小商品市场连续关注报道，第一年就有 3 条关于义乌小商品市场的报道上了央视《新闻联播》。

我当时和义乌的创业者们交朋友，关系很好，获取新闻线索比较方便，所以我报道得比较多。义乌小商品市场，从最早在火车站附近"小打小闹"，到后来集中办市场，不断迭代更新。我参与了前三代迭代创新的采访报道，这种报道经历使我对浙江人的市场意识和创业意识有了比较深刻的了解。

二是在东阳横店的采访经历。我第一次去横店采访的时候，那个地方可谓穷山恶水。我想这个地方怎么可能做旅游，怎么可能成为"东方好莱坞"？但通过几次采访横店集团董事长徐文荣，我了解了他明确的想法和规划，还有他对外拓展的思路。他的思维很活跃，能无中生有地创造条件、抓住机遇谋发展。

从上面两段经历中，我较早就感受到了浙江商人的开拓性。

在金华基层采访的经历给我打下很好的基础。当然，在基层完全靠自己，肯定不行，我拜了很多老师，有记者站的老师，也有各个县市报道组的老师，他们在基层从事新闻工作多年，了解当地情况，新闻资源丰富，我就向他们学。

有了基层做记者的经验，回到杭州以后，我策划能力就有了，养成了不是简单地去看待一个事件而是往深度去思考的习惯：新闻事件的背后有东西可以挖掘吗？可以连续跟踪吗？做个系列报道，还是做个连续报道？义乌小商品市场的报道我是做持续关注报道，横店现象则主要是做深度分析报道。记者一旦养成纵横视角结合看问题的习惯，报道就容易有深度、广度和高度。

我记得那个时候我们每个月都评新闻好稿，我基本每个月都能评上。因为我的稿子来自基层，文字鲜活，要么是系列报道，要么是连续报道，这样的文章有分量、有优势，往往容易评上好稿。

这是我刚刚开始做记者，在记者站锻炼时得到的收获。这是我至今印象比较深刻，也是比较得意的地方。

从金华回到杭州当记者，跑了很多时政线，比如共青团、妇联。与政府打交道，对于报道的高度要求就比较高了，比如省人民代表大会的报道。我印象最深刻的是一次专访，那次专访的是时任省人大常委会主任。

在专访过程中，我问主任："在家里边你是老几？"他说："在家里我是老三，老婆第一，儿子第二，我最小。"

这次专访我得到了很高的评价，后来还得了新闻奖。因为在此类专访中问"你在家里排老几"这样比较活泼、家常的问题，当时是很少见的。原本大家眼里比较古板的省人大常委会主任固有形象，通过我的访谈，从个人和家里的事切入，再联系到省人大常委会的工作，变得鲜活起来，这就是完全不一样的做法。

后来我担任《浙江新闻联播》的责任编辑，锻炼得更多的是对宣传报道纪律的把控。作为责任编辑，要拟标题，修改甚至是直接上手写新闻导语，每天都要把好关，不能有任何差池。经过两年的责任编辑工作后，熟悉和实践了党台应有的耳目喉舌功能、导向功能，我在新闻传播纪律方面，得到了比较大的锻炼。

在前十年新闻工作经历中，我比较爱闯荡。我觉得媒体人没有经过闯荡，只是关在办公室里编编稿子是没用的。一个记者必须经历过各种采访，才能形成自己的工作意识和习惯。这个意识和习惯是什么呢？要有鲜活的新闻事实，要和人和事直接接触，拿第一手的材料，不能道听途说。还有，就是要对重要的新闻事实进行追踪，进行调查分析。这些是一个新闻人最基础的素质。

采访组： 您当初能够去关心那么多的新东西，有这么强的与人和事直接接触的意识，去呈现人和事当中那种鲜活的故事性，您的这种意识是从何而来的？

赵小华： 作为一个基层记者，一个月要完成报道指标，就需要多跑，当然，完成指标对我来说不是问题。我去一个地方往往是连续采访几个各种各样的选题，农业的，乡镇企业的，还有市场的，会议新闻和我这种基层记者是不搭边的。所以，我见到的都是鲜活的新闻事件、现象和人物。

4年的基层记者经历中，我印象深刻的是一次"种粮千里行"主题报道。这次主题报道活动是由浙江日报、浙江电视台、浙江人民广播电台三家媒体组成一个采访报道团，去金华、衢州农村进行采访报道。

主题报道如何做得客观、真实，有说服力和影响力？

同行的有一位浙江日报的优秀记者，当时我们两个人都自己做报道，不用通稿。他写在村口一家小店获得的新闻，就像写故事一样。那个时候，几乎所有农村村口都有一棵树，树旁都有一个小店，这个小店就是这个村的信息集散地，所有的信息都可以从这里获取。比如今年种粮多少，收成如何，有什么新变化，你在这个小店坐上几个小时就知道了。这样写出来的故事能比较生动而真实地反映种粮农民的心声。

我则做了个人物报道，是讲义乌的一个种粮大户，导语我是这样写的："（某某某）今天不想下地去了，因为今年稻种成本比往年贵了一倍。"这种具体的、叙述人物心理活动的新闻导语突破传统报道模式，开门见山揭示现象的本质。

因为到了基层，碰到的都是具体的人和事，信息的精度可谓很细了。当你对一个具体的人或事了解得很透彻的时候，你看到的往往是别人所看不到的，别人可能只看到其中一面，而你是立体地去看人物、看事件，这时就容易写出很丰富鲜活的东西，不会枯燥无味。在基层跟采访对象聊天，你会静下来，跟他近距离长时间地接触后，这个人物在你笔下就会很丰满。

像我报道义乌小商品市场时，采访过一个创业者冯爱倩，她是市场的创始人之一。我跟她很熟络，像朋友一样，她跟我讲的都是真实的创业故事，所以小商品市场里边那些鲜活的事情我很清楚，我就可以报道出不一样的新闻来，而不是用官样文章做个经济报道。

采访组：赵老师，请您和我们谈谈创办浙江卫视周末版的历程。

赵小华：那是 1995 年，中国电视起步、发展已 20 多年，老百姓对电视节目的需求、要求越来越高。

20 世纪 90 年代，电视媒体的影响力变大，但像新闻类、社教类、文艺类等电视节目的制作基本停留在原来的水平上，消息类节目制作基本以央视《新闻联播》为模板，那个时候还没有"综艺节目"这个概念的，只有文艺节目、文艺晚会等。全国各地电视台基本都是这样，但这些已经满足不了观众的需求了。

那个时候，中国电视圈中凤凰卫视崛起，它的新闻节目样式很多：消息类、评论类、访谈类、调查类等。中央电视台也很开放，进行了很多探索，如一个板块式的节目《东方时空》，以社教类、新闻类节目为主，讲叙老百姓的故事，突出纪实性，通过新闻调查进行深度报道，说真话、讲真事，调查真相，在全国观众中影响巨大。

电视改革风起云涌，这为浙江卫视周末版的创办提供了一个契机。1995 年，中国实行双休日，人们有了更多时间看电视，这是周末版创办的第二个契机。当时我们台的领导开拓性地想利用双休日白天时段做个试验，探索电视传播新途径。当年，我们就推出了浙江卫视周末版，很快就在全国打响。

周末版推出的第一年，我做了一档深度报道栏目《观点》，节目重在在深度报道的基础上亮出媒体的观点。半年之后我又创办了一档栏目《目击》，把电视新闻调查类报道做到了极致。《目击》的核心理念是必须拍摄记录一手的事实素材，题材都是主打舆论监督的，每个节目制作几乎不用解说词，突出用现场声画记录叙事，目的是还原事件真实，追求报道客观公正的风格。

《目击》第一期是《五访黑票》。当时正值春运期间，杭州火车站的车票十分紧张，很多旅客买不到票。那票贩子手中的车票是从哪里出来的？我们就去调查这个事情。

前面 4 次暗访全部失败。第一次我去了，设备出了故障；第二次去，碰到混混，我们的记者被围困在广场小餐饮店内，面临威胁，暗访受阻；还有两次也因为其他原因没有完成采访。第五次，采访成功。记者扮成急于返乡的旅客，询问票贩子，票贩子高价出票，并带记者进到火车站楼上办公室，拿出票子来。记者一路上用隐藏式摄像机记录下了很完整的过程。

为了真实展示春运火车站黑票现象，揭露票贩子的猖獗，以及车站内外勾联的事实，我们把前 4 次失败暗访和最后一次成功暗访剪辑在一起，组成一篇报道。

我们还做过一个报道，遇到了巨大的危险。福建有个当时已经很有名气的卫生巾品牌，但是树大招风，义乌有家企业投资了 2000 万元，假冒这个品牌大规模生产。我们的记者到厂里去工作当卧底，记录下假冒品怎么生产，怎么贴牌，怎么销到市场的整个过程，报道播出后这家义乌企业被查封。当时义乌那家企业说要花 50 万元买我的一只手。做舆论监督，记者的风险、栏目负责人的风险都不小。

《目击》节目的时长刚开始只有短短 5 分钟，后来增加到了 10 分钟，总体都不长。这档节目在浙江卫视办了 7 年，很不容易。我为什么谈《目击》？因为它和现在自媒体短视频是有点相近的。我有时侯想，《目击》的那些节目如果放到现在，浏览量达到"10 万 ＋"是很容易的。

采访组： 那个时候有人说要拿 50 万元买您的手，您害怕过吗？

赵小华： 不害怕。当时我就想，我好歹是官方媒体的记者。当然我还是有对策的，我托公安的朋友去调查这个说法究竟是真还是假。但是工作中确实会受到威胁，也不止这一次，因为揭黑报道触动的利益太多了。

我看到这个事实，必须把它挖掘出来，告诉大家真相是什么，并且要想着用各种方法去呈现它，形式上要有创新，这是我的新闻理想。比如我们曾做过一个报道，有一年杭州天工艺苑商场着火了，我们当天派出几路记者，现场一路，杭州市政府一路。我负责什么？我自己提出来要去另外的百货公司商场报道，它们是什么状况？它们安全吗？它们消防怎么样？要调查吗？这些其实正是消费者关心的。最后，我们将几路采访的内容组合在一起，再加上评论——探究是天灾还是人祸？报道出来后，社会反响很大，后来获得了浙江省新闻奖一等奖。

我觉得我们这一代人的新闻理想就是要讲新闻事实，讲真话，讲独立的观点，不哗众取宠，别人说的不轻易相信，要自己观察，自己分析，最后把观点说出来。

那个时候大家都是很有社会责任感的。后来，我到浙江经视去做经视新闻，《新闻深呼吸》也是我和几个同事一起策划出来的，舒中胜老师在做，很有影响力。这都是要有理想和责任感的人在一起才能做出来的。

当然，具体去做的时候会出现各种困难。比如做《目击》那会儿，现场录音技术难度很大，录音设备不能遥控，我们就把机器放包里，挖个洞，用黑色透明纸贴住。不像现在，谁都可以去录，技术门槛已经变得很低。更难的是找选题，必须找适合暗访的选题。

我曾经处理过一个在报道中作假的记者。我派他去卧底调查当时杭州餐饮市场特别流行的一种香辣蟹。当时，有传闻说店家用死蟹代替活蟹，这种香辣蟹一炒什么味道都掩盖住了，死蟹当活蟹卖是吃不出来的。我要求他调查出这种蟹是什么时候、在哪里买的，厨师是怎么做的，做好以后怎么上桌，整个过程不能有漏洞，要完整记录下来。

但是我们记者拍不到最重要的死蟹当活蟹那一幕，这确实很难拍到。后来我审片时，听出来其中有一幕有我们一个摄像师说话的声音，他假装是一个厨师，通过语言表达死蟹当作活蟹卖。我就问这个记者：这个声音是不是摄像师的，你这个是不是自己演出来的？当时，节目晚上马上就要播了。

记者造假，可以吗？肯定不行。假新闻影响是很坏的，这个是很严肃的问题。如果我们的节目有事实漏洞，观众抓住你的漏洞，你怎么办？新闻媒体的公信力到哪里去了？这是底线，必须守住。

采访组：您在做记者过程中体会到的最大成就感是什么？

赵小华：我觉得自己做新闻，一个报道能引起社会很现实的反响，推动社会往正面的方向发展，这是我做记者过程中体会到的最大成就感。

我的新闻报道揭露过黑暗面，但我依然希望能引起正面的社会反响。我做负面报道并不只是为了批判，不是为了让一个村支书免职，或是为了把这个假冒产品的老板名声弄臭。

比如前面提到的那个假冒卫生巾事件的报道，它引起了社会对假冒伪劣产品的巨大关注，引发了一系列震动，包括后面生产流水线的全部整改。这个才是我的成就感来源，也是我希望看到的社会反响。

我还有一个很经典的报道案例，是报道一个色情娱乐场所。一般的媒体记者去做，色情场所端掉了，报道也就完成了，但我不是这样想的。

那是 1996 年，国家工商行政管理局（现为国家市场监督管理局）刚刚规定娱乐场所取名字不能出现帝王将相或是皇宫类的字眼。那个时候，杭州出现了一个叫芭提雅的娱乐城，里边有色情活动，生意很好。这个名称是杭州市工商局（现为杭州市市场监督管理局）批准通过的。我去调查，失败了好几次，后来成功了。我的报道靶点是关于这个名称，在国家明文规定娱乐场所不能取奢靡或者色情意味名称的政策前提下，杭州市工商局却把名字批出来了，这是怎么回事？

这个新闻播出以后，芭提雅的生意就一落千丈，老板逃掉。但我把报道的重点放在"为什么这样的名称可以批出来"这个问题上，这个立脚点是很重要的，我们新闻追问的是政府部门的责任，更注重推动政府工作的进步。我觉得我想要推动的，是一种有力量的社会进步。

我们那个时候运气很好，电视等传统媒体发展正如日中天，节目播出以后会有社会影响力，有了这样的影响力，就更容易实现我们的新闻理想。

采访组：1996 年那个时候也是您做新闻的黄金时期，为什么激流勇退从新闻转到了广告？

赵小华：1996 年、1997 年，我在浙江卫视广告部工作了两年，一是年轻的时候在内容生产方面已经尝试过了，需要转型；二是领导希望我试着做经营。1997 年，浙江卫视广告创收全国卫视排名第二，其中很重要的举措就是把企业品牌产品和内容传播紧密结合。那一年春节，我策划了一个"浙江中小企业向全国人民拜年"的活动，效果很好。因为卫视广告价格高，中小企业有宣传需求，单独投广告的话又做不起。这个活动通过企业向观众拜年的形式，附带介绍产品，每个企业有 5 秒钟时间就够了。这样一来，企业花很少的钱就能在浙江卫视上广而告之。通过了解市场、营销策划，把广告时段

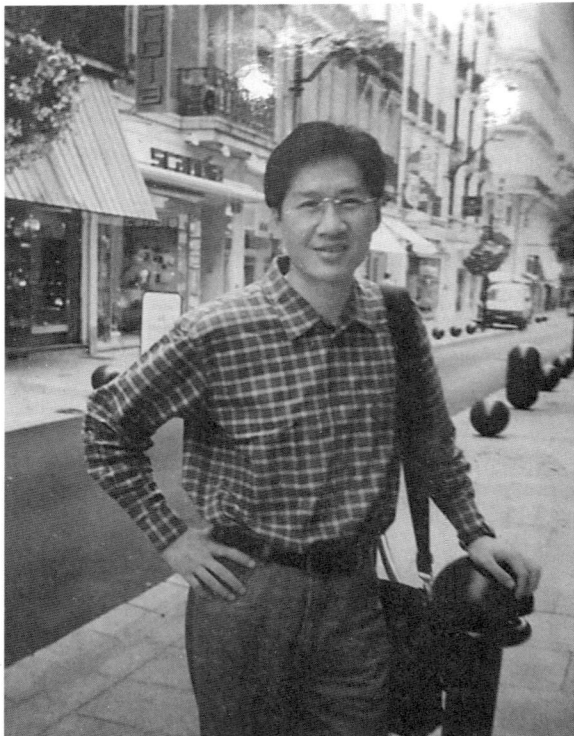

1998年赵小华在法国戛纳参加全球广告节

化整为零去营销，既能够让中小企业在浙江卫视这种大平台亮相，又能让电视台收入增加。

采访组： 您在 1998 年到 2003 年介入了体育赛事的直播和相关产业，是兴趣使然吗？

赵小华： 一个电视频道的内容，往往跟时代背景有密切关系。2000 年浙江广电进行改革，准备建立浙江广播电视集团，浙江电视台和浙江有线电视台合并，频道多了，需要细分。浙江卫视健康版和有线台体育频道合并，成立了浙江电视台体育健康频道，我任节目部主任一职。我不太喜欢体育锻练，但喜欢体育节目，是资深球迷，所以就策划了体育新闻、专题、赛事直播等一系列节目。

当时，足球是最受关注的赛事，我做体育健康频道，印象最深刻的是报道浙江足球反黑哨事件。中国足球界黑幕很多，到现在也无法彻底扫除。当时，中国足协暗箱操作，有些足球俱乐部既想抵制这种黑幕，又不得不参与其中，作为媒体人，作为记者，我们要报道真相。我们首先在体育新闻节目中对浙江足球反黑哨事件进行了长期而深入的报道，引起了全国关注；后来，我和同事以此为内容，一起撰写出版了一本纪实文学《黄牌？红牌？——绿城、吉利反黑哨纪实》。

赵小华（右一）在体育节目策划会现场

采访组："风云浙商"的评选一炮走红，并成为经济界和媒体界持续的盛事，请您和我们谈谈这段经历。

赵小华：2004 年，我调到浙江经视去工作，任频道节目部主任，负责节目和大型活动运作。"风云浙商"评选活动是 2003 年推出的，之后连续 11 年举办，我是评选活动颁奖盛典的总导演。

这个策划的产生，是因为改革开放以来，全国各地经济风起云涌，但浙商是其中一支特别的队伍，浙江经济也是一种特别的现象。浙江经济，尤其是浙商中的一些标杆人物，在全国甚至全球都具有越来越大的影响力。这一现象值得媒体高度关注，并用一种特殊的方式来呈现。我们对浙商概念的提炼，对浙商精神的概括，对"风云浙商"的评选，目的是推广浙商的企业家精神，表彰还是其次的。

通过活动的策划，"风云浙商"这个概念在全国引起了很大的反响，从此浙商有了自己的品牌，就像过去的徽商一样。在我们这个时代，浙商的精神是什么？浙江人的精神是什么？我们主要是传播这个东西。

就这样，我们经过省委、省政府的同意和牵头，与钱江晚报合作。我们开了一档叫作《风云浙商》的栏目。

"风云浙商"的评选有标准，一年一度的评选由国家最顶尖的经济学教授吴敬琏来主持，省委宣传部指导，参与方涵盖各个行业，浙商各个分会都有参与，比如浙江省工商业联合会、浙江省青年企业家协会等。主要评选标准，不是看你的企业有多少资产，规模多大，也不只是表扬一下，宣传"你今年上市了，你今年企业利润多少了"，而是看在这一年中，你的企业、你的所作所为、你的思想有没有影响到一个行业，或是影响到浙江经济，甚至于全国经济。这个角度是独一无二的。为什么用"风云"两个字？这是用年度的概念，以事件为核心的方式来带动，这样节目和活动就丰富了。

那几年浙江经济每年的形势都不一样，但一样的是很多浙商在自己的行业领域里，都走在了前列。浙江有很多企业是全国甚至是全球的隐形冠军，但他们的很多做法、想法，社会不知道。

具体来说，一年一度的评选活动中，我们对参评的浙商都有采访报道，主要是报道和浙商或浙商企业相关的事件。今年做了什么事？影响力有多大？背后的所思所想是什么？给我们什么样的启发？当时我做导演，白岩松做主持人，他一做就做了 7 年。

最早评选的一批浙商，是我们改革开放以来老一辈的企业家，他们都很有影响力。他们身上有着老一辈浙江企业家的精神，"白天做老板，晚上睡地板"，还有"四千精神"：走遍千山万水、说尽千言万语、想尽千方百计、吃尽千辛万苦。我们希望这种浙商精神能带动影响一大批人，所以我们持续做了这个评选。

浙商就这样形成品牌了。

采访组：你们平常会先对这些参评浙商做大量的报道吗？

赵小华：我们有个栏目叫《风云浙商面对面》，每周都有报道。每年年底，名单经过各个部门、各个企业家协会的年度推荐，最后由经济学家牵头进行评选。

人物评选出来以后，我们再进行深度访谈，在颁奖晚会时集中展示，还要写颁奖词。"风云浙商"上的颁奖词不是我写的，我不是很懂经济，颁奖词需要把获奖人的事迹、精神写出来，要有特点和深度，这是我们一个专门研究浙商的同事写的，写得很有水平。

前段时间有一部电影，票房很好，叫《万里归途》。电影的剧本源于利比亚撤侨在希腊中转的真实事件。2011 年，利比亚发生骚乱，由于中国在利比亚的侨民人数多、分布广，当时我国政府选择了将部分人员摆渡到第三国再撤回国的方式。当时希腊华侨华人总商会会长是温州人，他带领商会志愿者配合中国驻希腊大使馆协助撤侨，通过各种途径租用游轮把滞留在希腊的国人给救出来。

我们在那年把这个商会评为"风云集体"。这个事情让我们看到，中国商人在国外如何面对困境，在困境中如何团结，中国人在外面不只是做生意赚钱。

像这样的事件，是中国国家实力的象征，里面体现了中国的人情等有文化魅力的东西。我们浙商在世界的口碑和文化魅力就是需要这样的东西来推动。

赵小华（右一）在"风云浙商"颁奖典礼活动现场

这个事件还涉及国家荣誉，公益内涵很强，展现出浙商的另外一面，它已经超出了一般的经济内涵，呈现出人文的、人性的光辉。

"风云浙商"活动到现在还在举行。这是媒体在浙江经济发展当中做得很好也是很重大的举措。"风云浙商" 4 个字，在全国、全球都有影响力。影响力从哪里来？是通过这个活动而来。而且，活动每年都对浙江经济进行一次总结回顾，甚至对中国经济进行展望，浙江经济也是中国经济的晴雨表。

采访组：请您再和我们谈谈《资本相亲会》。

赵小华：《资本相亲会》是我在浙江经视的时候做的。那个时期中国金融投资很热，那么我们的企业与资本之间怎么建立联系？

原来都是很程式化地、简单地，投资人把企业家拉来谈谈天。我的策划则把这个过程，变成"相亲"节目，这个形态就发生改变了。

节目形式上和江苏台办的真正的相亲节目有点类似，请有投资意向的风云浙商或投资人到节目现场，项目持有者或企业在现场阐述自己的创业项目，投资人有兴趣就亮灯，亮灯留下来的项目持有者跟投资人谈，更深入地谈。

通过综艺的形式，把本来很生硬的经济活动软化了，可看性也强了，而且实际效果也依然有，因为投资这个内核还是一样的。作为创业者，我为什么要来找投资？我怎么创业的？理念是什么？想做成什么样子？这些都现场谈。而作为投资商，你企业的情况怎么样，我怎么来投你这个企业？都有故事的。当时浙江最好的几个投资公司，都来现场投票，是实打实的"资本相亲会"。

采访组： 这个节目是重娱乐，还是重效益？

赵小华： 重效益。这个节目可以带动浙江的投资行业，让投资者与创业者更好地面对面沟通。还有，通过电视节目的公开传播，对观众来说是一种知识普及。什么叫创业？什么叫投资？创业与投资怎么结合的？观众能够通过观看节目知道得很清楚，现场有各种鲜活的个案。

当时男主持我请了凤凰卫视的主持人马斌，女主持人是我们台的茅莹，她是浙江经济类节目最好的主持人，两人都很有思想，很有头脑。节目的目的不是娱乐，综艺只是外壳，是一种形式，核心还是通过节目来展现浙江企业的创新，以利资本，活跃资本和企业创业之间的一些合作。我们栏目培养了很多好的投资公司。这个节目我大概做了两年。

采访组： 请您谈谈您执行的其他印象特别深刻的活动。

赵小华： 可以说说中国电视观众节。原来很长一段时间广电媒体都是高高在上的，但当时我们台上下都认为媒体要懂得观众，要跟观众互动起来，因此浙江广电集团就搞了一个中国电视观众节，邀请、组织观众走进广电，参观电视台、广播台。

还有一种就是侧重回馈观众的大型晚会，比如综艺节目晚会，会邀请观众参与。我策划了一个"观众嘉年华"活动，内容借鉴嘉年华、游乐园的做法，定位是浙江广电集团的百名主持人与杭州观众一起来一场狂欢，让市民能够与主持人面对面，一起狂欢，近距离亲密接触，很亲民。

这是浙江广电集团最大的公益活动。这个观众嘉年华我做了7年，在吴山广场举办。浙江广电集团所有的30多个广播电视单位在那边搭台，100多名主持人全部到现场。娱乐、综艺类的小舞台有30多个，还有2个大舞台，观众直接参与和主持人一起玩游戏、唱歌。整个广场一天来的人最多时达到30万人流量。全天8个小时不间断，我是总策划、总导演，还在现场搞直播，做大量的协调，很苦很累但很有成就感。

当时，所有的广播电视主持人全认识我，为什么？因为那个时候都要听我调度，现场怎么安排？你这边什么游戏活动？内容是什么？观众怎么参与？奖品怎么拿？你的重点节目是什么？重点组织怎么推？都得由我这边总协调。

这个观众嘉年华活动在当时是很吸引人的，因为那个时候电视媒体如日中天，人们对平常只能在电视上看到的主持人有非常大的好奇心。

采访组：在电视媒体传播领域，您是比较少见的一个多面手。能不能请您谈谈您对媒体工作的理解？

赵小华：我在媒体工作近40年，做过新闻、文艺、体育、营销、大型活动等工作，跨界转型，转战多个岗位。要说原因，第一可能和我个人性格有关，我不太安分守己，比较喜欢创新。

第二是赶上好的时代。中国电视这几十年的发展，风起云涌，确实给我提供了很多尝试的机会。就算你有想法，也要有机会给你才行，这是时代赋予的可能性。

第三是依赖支持。电视是集体创作的行当，我一路走来，做成的每一件事都是依靠领导、同事的支持和包容，很多事情涉及创新总会有错的。有很多的领导、同事和朋友，对我比较支持，容许我试错。在职场里边这点是很重要的，不是你自己想创新就能创新，没有一个允许试错的环境，干不成事。

比如我曾经策划过一个活动：浙江最美乡村评选。

2003 年浙江率先实施美丽乡村建设，到 2013 年正好是十周年，当时也没人说要纪念或推优评奖之类的活动。但是我在这十年中，发现浙江农村的物质建设和乡村文明方面发展都很快，这个点很少被人关注到。

于是，我跟频道领导说，我要策划一个美丽乡村评选活动。浙江的美丽乡村究竟是什么样的现状？都有哪些类型？有哪些不同的优势？我想通过这个活动，对浙江的美丽乡村进行一次巡礼。

后来活动由浙江省新农村建设促进会跟浙江广电集团合作主办，由我们浙江经视承办，浙江电台财富广播、新蓝网协办。整个活动分 4 个采访小组，走了 100 多个浙江村落，对各个地方推荐的美丽乡村进行筛选。我们先去实地采访，再进行评选，先评 50 个地市级的，最后评出 10 个最佳的。

被推荐出来的乡村，都是经过硬性要求筛选的，比如道路建设、房产建筑、卫生、环境，还有现代化和电信各方面的发展要求。但是每个村又是不一样的，它们要有自己的特色。比如说舟山渔村，一个热爱绘画的渔民村，墙上都是渔民画。泰顺的一个村子，其中的古村落是中国美术学院去做的保持和设计，很好地结合了现代与古代。丽水乡村现在也很著名，有不少网红地，比如说古堰画乡。我们评选的美丽乡村有经济快速发展的乡村，也有文化底蕴很厚的乡村，也有现在改造得很好的乡村。

浙江的乡镇真的漂亮，不仅是环境漂亮，空间建筑文化保持得也很好，现代化程度也很高，所以我觉得未来浙江乡村建设比浙江的城镇建设、城市建设发展要快，绿水青山就是金山银山理念是完全正确的。

采访组： 赵老师，我们想听听您进入浙江电视台之前的故事。

赵小华： 我的经历其实很简单。我是成绩不好，运气好。我老家是上虞，我就是上虞一个乡镇中学毕业的，也不是什么名牌中学，我小学、初中、高中成绩都还可以，但考大学没有好好考。那是 20 世纪 80 年代，按照当时政策，我可以顶替我老爸的工作，我哥哥考上大学了，我想我反正可以子承父业，第一年就没有好好考。

后来我老娘说，你在家也是游手好闲，没事干，你就再去考。我就再复习了一年，复读那一年我认真了，那个时候模拟考试我是全县第一。为什么认真了？因为那时我想考浙广①。

我那个时候年轻，比较喜欢社交，喜欢新闻，喜欢电视。考之前我就知道，浙江有个广电方面的专业学校。所以考之前我就瞄上了浙广，那就要认真去考。结果考上了。

我运气好，大学时是班里的班长，表现不错，1984 年毕业分配的时候，被分配到浙江电视台新闻部去了。整个班分到浙江电视台的只有我一个。

采访组：您的那些策划创意和点子是如何来的？

赵小华： 我觉得做好策划创意的前提，第一就是知识面一定要广。你可以不是某一个行业的专家，但你都要懂。

第二是信息量要大。有很多信息在脑子里边，策划节目也好，策划栏目也好，给企业去做策划也好，就能触类旁通，碰撞之后就可能产生新的想法，这就是创新。

我是新闻人出身，新闻人是什么？杂家嘛。社会的方方面面都接触了，尤其我当初先到农村锻炼，后来搞时政类报道，工业、企业、农业报道，文化类报道，人物类报道，什么报道都经历过。我的接触面就不是很窄，有些工作是要钻研得很深的，但新闻不是，我们要全方位接触和感受。这样，脑中自然就有了一个开放的思维习惯。

要有策划意识。还是得益于我的新闻从业经历，我做过记者，做过主编，做过制片人，策划过综艺节目、大型活动。往往一个大策划下面有很多小的策

---

① 浙广：浙江广播电视高等专科学校的简称，浙江传媒学院前身。

赵小华（左）参加电视名嘴俞柏鸿漫画义卖活动

划，有很多内容要去策划统筹，这种策划的意识在我做记者的时候就养成了。

要保持创新的思维习惯。创新对我来说，已经成了一种习惯，各种策划做多了，就想这一次和上一次可以有什么不同。比如颁奖晚会，形式要创新，内容要创新，每一次都会面临这些创新问题，那么自然而然也就形成一种创新的思维习惯。我觉得创新是个人习惯，不是逼着你创新，被逼着是创新不了的。当你总是在寻找点子，寻求有新意的策划，最后创新就成了你的习惯和下意识。

我做新闻记者的时候，我们几个关系好的同事之间一直会比拼，比拼报道的新意，比拼剪辑上、内容上的创新，还有栏目上的创新。在这样一个氛围中，你就很容易形成一种想去改变的思维习惯。

采访组： 您对当下快速发展的新媒体怎么看？请您给我们这些后辈媒体人提一些建议。

赵小华： 新媒体出现是社会发展的必然结果，因为技术进步、传播方式改变，旧的式微走向淘汰，新的崛起呈现欣欣向荣，十分正常。

原来传统媒体主要有两大功能，一是传播信息，拼的是谁的新闻快、谁的信息量多。现在是自媒体时代，人人是媒体，个个是频道，信息传播速度和密度不可同日而语。

二是娱乐功能，电视媒体输出的内容包括电视剧、综艺等文艺节目都是为了满足观众的娱乐需求。现在抖音短视频更加娱乐化，我们原来有的，新媒体都有；新媒体有的，传统媒体想都想不到。

新的媒体平台替代传统媒体平台的部分功能是一种必然。

但是新媒体衍生出来一些内容，我觉得要警惕。我常关注新媒体上信息的真假，关注自媒体的评论。很多新媒体人事实都不了解清楚，就来评论，问题很大。他们有很多不全面、不准确的评论和观点，蛊惑人心。尤其关于社会热点问题、敏感问题，错误的观点害人不浅。我觉得新媒体使我们获取信息快速便捷，是优势，但信息的真假、观点的善恶，还得仔细思量。

从事媒体这个工作，无论新旧，我觉得还是要回到原点，媒体人要坚守底线，要确保你传播的东西是有价值的：一是真实，二是有思想。

代跋
EPILOGUE

既读书，也读人

　　此书的编写，乃师生二人闲聊的结果，肇始于两个朴素的想法。

　　一是想为培养学生策划一个实践项目。新闻是强实践性的学科，需要给学生创造各种实践的机会。

　　二是想为浙江区域新闻传播发展做些有益记录。浙大城市学院新闻与传播学院有地方新闻史研究、地方新闻史料馆建设的历史基础。对改革开放之后浙江新闻界具有影响力的人物进行一些记录，既是之前工作的延续，也是对区域新闻发展史的有益保存。

　　有了想法，就干起来。

　　既然是实践项目，就以深度访谈为基础，训练学生做第一轮的融媒体作品输出。

　　既然是想为区域新闻发展做有益记录，深度访谈的风格就近似于口述历史的采访：重视采访前的案头工作，对受访者做充分了解；访谈以人物为中心，发掘受访者的"新闻职业生命史"；以倾听为主；全程录音录像（以不干扰的客观视角机位），全部进行整理。采访的重心是把个人作为访谈的基本出发点，致力于呈现特定时空下，一个特定的人、一种特定的声音，以个人的记忆和故事，展现出更真实、颗粒度更细的浙江新闻界之过去片断。十个访谈记录文本，整理集结形成了这本书。

　　关于访谈人选，"影响力"三字基本标明了选择标准：他们的报道、声音或想法对当时的浙江新闻界乃至全国新闻界都产生过不同程度的影响；还有，访谈对象均已退休，有更宽松的心态回忆自己过去的职业生涯。一般而言，他们大多出生于 20 世纪五十年代，活跃于 20 世纪 80 年代至 21 世纪初的浙江新闻界。

如此，一群"00 后"大学生，访问一批活跃于上一世纪的老新闻人，交流双方的年龄跨度非常大。那么，这样的访问实践对这些"Z 世代"[①]大学生的刺激点是什么呢？这是我们带领学生做访谈过程中的一个观察点。

刺激点确实有不少，诸如前辈的个性魅力、奋斗经历、具体而有效的采写经验等等，都是学生事后议论和感叹的焦点。颇令人惊异的是，学生们感叹最多的是受访者的"精气神"。

学生们感叹的"精气神"是什么？简言之，是事业心、责任感、道德力。

事业心，自不待言，没有比旁人多几倍的事业心，这些老新闻人不可能成为业界的风云人物。

责任感，以中国社会的传统认知来说，记者是"铁肩担道义，妙笔著文章"的职业群体，"铁肩担道义"几乎成了新闻记者责任感的代名词。记者本着这种道义认知，在第一时间、第一现场，揭露黑暗，助力社会问题的解决。毋庸置疑，这种责任感在访谈过程中也屡屡被提及，比如赵小华"五访黑票"、冯卫民组织记者追踪调查劣质盐……

然而，学生们在这些老新闻人身上感悟到的责任感，比"铁肩担道义"内涵更丰富，意识更具体：

它是江坪的"宏观意识"和"'顶天立地'做记者"；

是冯卫民说的"作为党报记者，包括编辑、总编辑，都要去思考所在区域的发展和党委政府的工作重心，并且要有所作为"；

是俞柏鸿回忆因做评论被网暴一事时，仍然说"如果每个人都只说好话，我想这不该是一个电视节目的正确打开方式"；

---

① "Z 世代"：英文 Generation Z，是美国及欧洲的流行用语，指的是出生年代在 1995 年至 2010 年之间的青年群体。这个年代的年轻人，受到互联网、即时通讯、社交媒体的影响极大，是生活在电子虚拟与现实世界的一代人。年轻、活力、多元、创新是这代人身上的标签。

是莫小米讲到滇池守卫者时冲口而出的话，"这样的老人不弘扬，《倾听·人生》这个栏目还做什么？滇池不是老人自己的，是中国的"，"老人为了保卫滇池身家性命都不顾了，一张报纸给他发一发又怎么了？一张党报给他发出去，对他是莫大的支持"；

是钱黎明被推着去创建浙江卫视新媒体端时，尽管有抵触和焦虑，仍然不断学习，不怵碰撞，在职业生涯的后半场否定自己的过去，来建立新的自己；

是王群力做雷峰塔考古直播时，以他考古家庭出身的见识，坚持做尊重考古规律性的直播，做媒体不忘格局；

是赵小华的"我揭露黑暗面，但我希望引起正面反响"；

是叶峰的节目中勇于认错；

是楼时伟的坚持做好社会新闻；

也是张建民对一个因被派去做特大台风现场专题而内心忐忑的年轻记者说的那句话：我跟你一起去。那时他已年近60，是杭州电视台的"牛人"，之前开创了诸多新的电视报道模式、节目形式。

道德力，是由道德判断而来的力量。记者写什么不写什么，除了新闻价值，还要有自己的道德判断。这种道德判断源自职业中的选择和坚持。就像莫小米，她戏言为《倾听·人生》栏目找选题是"雁过拔毛，贼不走空"，但她遇见好题材既能穷追不舍，也懂得放弃。放弃对再婚老教授的采访，是莫小米的道德判断。还有叶峰，听到复兴大桥上有轻生者造成交通拥堵，他的第一个反应是关注"轻生者有没有危险，现场有没有救援力量"。赶到现场后，年过半百的他顶着40多摄氏度的高温，劝解轻生者一个半小时。不放弃挽救轻生者，是叶峰的道德判断。

上述这些"精气神"，其实很多并非由受访者直接说出。他们的口述，因多年养成的职业习惯，多以事实性叙述为主，语言平实而少矫饰。而且，一般来说，精神只可意会，难以言传，这些"精气神"层面的东西，其实是在一个接一个的"个人新闻职业口述故事"中不断被听者所意会，最后成为学生们对一代新闻人的深刻印象。

这个观察结果对我们极具启发意义。

一个启发是关于对精神的记录。从新闻史角度看，老新闻人在访谈过程中自然呈现的"精气神"，可以说是自晚清以来，经由一代代新闻人努力，凝聚而成的某种特殊品格或传统，它看不见，摸不着，却成为一代代优秀新闻人身上明显的精神印记。这些精神和传统一直在发展，它值得被记录和传递。那么，如何记录和传递精神？

这一轮访谈实践，起码可以让大家意识到，新闻专业背后并不只是一些概念、理念，它是一个由有血有肉、有专业能力、有精神气质的人物组成的职业共同体。如此，对传统和精神的记录和传递，完全可以从硬邦邦的论说和抽象演绎，转向生气淋漓的人物口述记忆，让它们成为口耳相传的故事，会比那些口号、理念更实在，也更有用。

另一个启发是关于大学新闻教育。作为执教多年的大学教师，我们深知，教书育人，教书易，育人难。总体而言，当下的高等教育偏于实际，较少有超越职业训练的想象力。一个好的大学专业教育，除了有可以量化的论文、专利、获奖等，还得看她所培养出来的学生的专业能力和精神状态。"教书"教的是专业能力，"育人"育的是精神状态。这种精神状态，正如19世纪英国著名教育家纽曼所言，是"一种习得的判断力、敏锐力、洞察力、见识力、心智的理性延伸力以及才智的自制力及沉着力"。

如此，我们该如何去培养这种"精神"，或者是纽曼所强调的这种"心智"？本次实践，我们所观察到的学生反应，让我们注意到了精神性的东西经由人物和故事向外传导的过程：在访谈的过程中，学生既是在实践，也是在读人。这种主动"读人"的"育人"实践，效果可能非一朝一夕、一时一地可以实现，但值得尝试。

想起带学生团队辗转于不同人物进行访谈，常有学生事后吐槽自己的不谙世事、过于理想主义或幼稚。在我们看来，这其实不是什么坏事。他们表现出的理想主义或自认为的幼稚，很多时候是对专业的热情、无畏的勇气和创新的激情，这些表现都令人欣喜。这种热情、勇气和激情，同样表现在他们的融媒体作品中，学生们为项目专设的微信公众号"新闻派"，记录了他们专业成长的印迹，也记录了他们彼时彼刻的精神面貌。

陈平原曾套用王国维《人间词话》开篇语"词以境界为最上。有境界，则自成高格，自有名句"来描述他对大学教育的看法："大学以精神为最上。有精神，则自成气象，自有人才。"

大学新闻教育应如是。

人的成长，需要既读书，也读人。

附　记：书稿尚在校对，还未付梓，就惊闻江坪老前辈已于 10 月 12 日溘然长逝，不胜感伤。10 月 13 日，不少浙大城市学院新闻与传播学院学生在微信朋友圈发文悼念这位他们在采访实践或相关作品中认识的业界前辈。在此记录一名曾参与采访江老先生的男生的朋友圈悼词："上次与先生见面时的场景还历历在目，感慨其对新闻的付出与热爱，赞叹他的风趣幽默与老当益壮。今日之后再也无法见面，一时不知道说什么……"情真意切的感念，读之怆然。相信江坪老前辈对新闻的热爱和执着会在后辈新闻人中不断延续。生者奋然，逝者安息！

沈爱国　陈荣美
2023 年 10 月 30 日

图书在版编目（CIP）数据

绽放的新闻人生：浙江新闻界影响力人物访谈录 /
沈爱国，陈荣美主编 . ―― 北京：红旗出版社，2023.12
ISBN 978-7-5051-5385-1

Ⅰ . ①绽… Ⅱ . ①沈… ②陈… Ⅲ . ①新闻工作者―
访问记―中国―现代 Ⅳ . ① K825.42

中国国家版本馆 CIP 数据核字（2023）第 230147 号

书　　名	绽放的新闻人生		
	浙江新闻界影响力人物访谈录		
主　　编	沈爱国　陈荣美		
责任编辑	丁　鋆	责任印务	金　硕
文字编辑	杨　迪	封面设计	戴　影　高　明
责任校对	吕丹妮　周纯钧		
出版发行	红旗出版社		
地　　址	北京市沙滩北街2号	邮政编码	100727
	杭州市体育场路178号	邮政编码	310039
编辑部	0571-85310806	发行部	0571-85311330
E－mail	rucdj@163.com		
法律顾问	北京盈科（杭州）律师事务所　钱　航　董　晓		
图文排版	浙江新华图文制作有限公司		
印　　刷	浙江新华印刷技术有限公司		
开　　本	710 毫米 ×1000 毫米	1/16	
字　　数	252 千字	印　张	16.5
版　　次	2023 年 12 月第 1 版	印　次	2023 年 12 月第 1 次印刷
ISBN 978-7-5051-5385-1		定　价	78.00 元